JN089772

新版

教育と保育のための
発達診断

下

発達診断の
視点と方法

白石正久・白石恵理子 編

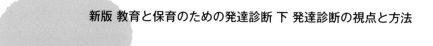
はじめに

　私たちが京都大学教育学部教育指導講座の田中昌人先生のもとで学びはじめてから，40年の月日が流れました．幼な子のかすかな指の動きや，障害のある子どもたちの瞳の動きに発達の煌めきがあること，その発達は奇跡でも何でもなく，大いなる自然の運動と人間の歴史につながる法則性のなかにあること，それは教育という豊かな源泉にふれることで引きだされることを，感動をもって学びました．いつの間にか，「早く早く」「たくさんたくさん」を求めさせられてきた自分たちの価値観を変革する出会いともなりました．そしてそこには，たくさんの仲間と先輩・後輩たちがいて，発達について，発達と教育の関係について議論することができました．

　それから40年．

　障害の早期発見と早期対応のシステムが全国的に整うようになり，発達相談員を雇用する自治体が大きく増える一方で，厳しい自治体財政もあって自治体間の格差は依然として解消されていません．生活や子育てに困難を抱える子どもや保護者は増え，発達支援へのニーズはますます拡大しています．

　児童発達支援などの療育の場，保育所や幼稚園で受けとめられる障害児の数が大きく増えました．しかし，「多動」や「こだわり」といった子どもがみせる姿を，障害による特性のみからアプローチする流れが強まった時期もありました．これは，安易に行動のみを変容させようとする方法と結びつきやすく，それは今もなくなってはいません．一方で，「子どもに寄り添う」「子どもの心に向きあう」という言葉だけで片付けられてしまっていることはないでしょうか．私たちはつねに，子どものさまざまな行動の背景にある発達要求を科学的にとらえることを追求しつづけていかなければなりません．

学校では，2007年に特別支援教育が施行されて，「発達障害」と言われる子どもたちの理解が少しずつ進んできました．一方で，障害特性のみに目を奪われ，子どもたちの発達的理解がおざなりになっていないでしょうか．子どもが示す特徴や課題はきわめて多様であるため，一人ひとりを正しく理解するためのアセスメントやテストバッテリーが強調されていますが，既存の発達検査の実施で終わっている実態があります．そこからは，子どものもつ「弱さ」「苦手さ」の枚挙になりがちです．

　成人期においても，「おとなだから」「おとななのに」という画一的なものさしで障害のある人をみるのではなく，一人ひとりの発達や障害に目を向け，生きがいや働きがいと結びつく人間的な労働や生活のありようを模索する実践が全国で行われるようになりました．しかしその社会的・制度的基盤はきわめて脆弱です．

　十数年前，発達とは何か，発達診断とはどうあるべきかを学ぶことのできるテキストが必要だと考え，2009年に『教育と保育のための発達診断』を発刊しました．それから10年以上が経過し，前書で不十分であった点に加筆修正し，新たに二巻本として発刊することになりました．上巻では，発達診断の前提となる発達保障の歴史，発達と障害の心理学的基礎理論，発達と実践との関係について論じました．下巻では，発達診断の視点と方法について，前書よりも詳しく論じています．

　発達診断は，発達検査ではありません．既存の発達検査は，手引書に従って，決められた課題を実施し，その結果を「＋」「－」で評価し，それをさらに数値化することで，その人の発達年齢や発達指数を算出するものになっています．しかし，「＋」や「－」の中身を質的に吟味するものにはなっていません．たとえば，以前はできたことが，今回はできなくなるということがありますが，その背景には発達の質的な変化が隠れていることがよくあります．しかし，検査では，単なる数値の低下になって現れるだけです．また，発達診断では，今の子どもの能力だけではなく，子どもに潜む発達要求を把握し，発達要求があるゆえに必然的に生じている矛盾を子どもがのりこえていくための原動力のありようを明らかにし，そこにどのような支えが必要であるかを考える手がかり

を得ようとします．そのために
も，発達検査の項目のもつ意味
を理解するだけではなく，子ど
もの発達のみちすじを大きくと
らえた理解と分析が必要になり
ます．この本では，そうした発
達診断にあたって最小限おさえ
ておくべきことをまとめました．

本書（下巻）は，9章からな
ります．Ⅰでは，発達理解はな

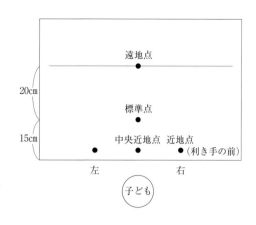

図1　机の上の位置関係

ぜ必要なのか，発達診断とは何かを述べています．Ⅱの各論に入る前に，ぜひ
お読みいただければと思います．

　Ⅱの1章から7章は，発達の過程にそって，各時期の発達の特徴をできるだ
け子どもの生活や保育のなかでの姿とむすびつけて論じ，その姿が発達診断と
いう限定された場面でどのようにみられるのか，各時期の発達診断のキー項目
を中心に解説しています（発達診断の際の，近地点，標準点，遠地点の位置関
係を**図1**に示します）．さらに，それぞれの時期の保育・教育の課題について
も述べています．子どもたち，障害のある人たちの発達保障に携わっている読
者のみなさんが，実際の子どもたちの姿を思い起こしながら，子どもたちの行
動のもつ発達的意味や，行動に潜む発達要求を探る一助になることを願ってい
ます．

　発達の時期区分は，田中昌人らによる「可逆操作の高次化における発達の階
層─段階理論」に基づいています．**図2**に示したように，発達には量的な蓄積
をする時期（図の横線で示した時期）と，質的な転換を成し遂げる時期（図の
縦線で示した時期）が交互に現れます．質的転換期のなかでも，とりわけ大き
な質的転換を成し遂げる飛躍の時期があり，それは通常，7か月ごろ，1歳半
ごろ，9歳ごろにあたります．そして，生まれてから7か月ごろの質的転換期
までが乳児期前半（回転可逆操作の階層），7か月ごろから1歳半ごろの質的
転換期までが乳児期後半（連結可逆操作の階層），1歳半ごろから9歳ごろの

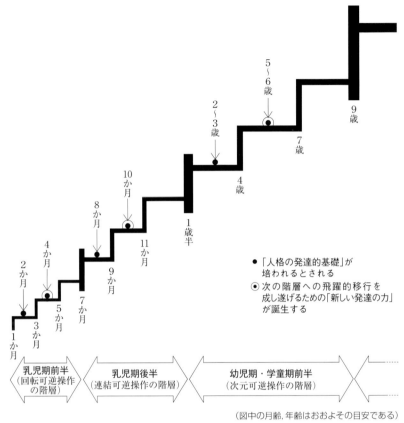

図中の説明ラベル:

5〜6歳
2〜3歳
10か月
8か月
4か月
2か月
1か月
3か月
5か月
7か月
9か月
11か月
1歳半
4歳
7歳
9歳

● 「人格の発達的基礎」が
　培われるとされる
◉ 次の階層への飛躍的移行 を
　成し遂げるための「新しい発達の力」
　が誕生する

乳児期前半
（回転可逆操作
の階層）

乳児期後半
（連結可逆操作の階層）

幼児期・学童期前半
（次元可逆操作の階層）

（図中の月齢，年齢はおおよその目安である）

図2　発達段階の説明図

質的転換期までが幼児期・学童期前半（次元可逆操作の階層）にあたります．
それぞれの階層には，飛躍の時期も含めて三つずつの発達段階があるとされます．さらに，各階層の第2段階から第3段階への移行期（3の形成期）には，次の階層への飛躍的移行を成し遂げるための「新しい発達の力」が誕生することなどに着目しています．

　Ⅱでは1章で「乳児期前半」の階層，2章で「乳児期後半」の階層，3章，4章，5章，6章は「幼児期」の階層，そして7章では，四つめの階層への飛躍的移行期を取り上げています．さらにⅢでは，障害のある子どもたちを発達的に理解することの意味と，発達診断の視点について論じています．

発達診断は，単なる検査ではないため，実際の発達診断や分析にあたっては，想像力と創造力が求められます．本書がその一助になれば幸いです．そして，それぞれの職場での共同において，本書の内容を発展させていただくための契機になることを願っています．

　子どもたち，障害のある人たち，そして，そこにつながる多くの人たちが豊かに自己実現し，おおらかに他者や社会と結びつき，そして新しい歴史を切り開いていくという発達保障の課題に少しでも関わることができれば編者にとって，このうえない喜びです．

　　　　2020年10月

　　　　　　　　　　編者を代表して　白石　恵理子

新版　教育と保育のための発達診断
下　発達診断の視点と方法　執筆者一覧

白石恵理子	しらいし えりこ	滋賀大学教育学部		はじめに
木下　孝司	きのした たかし	神戸大学大学院人間発達環境学研究科		
			Ⅰ	
河原　紀子	かわはら のりこ	共立女子大学家政学部	Ⅱ	1章
松田　千都	まつだ ちづ	京都文教短期大学幼児教育学科	Ⅱ	2章
西川由紀子	にしかわ ゆきこ	京都華頂大学現代家政学部	Ⅱ	3章
寺川志奈子	てらかわ しなこ	鳥取大学地域学部	Ⅱ	4章
藤野　友紀	ふじの ゆき	札幌学院大学人文学部	Ⅱ	5章
服部　敬子	はっとり けいこ	京都府立大学公共政策学部	Ⅱ	6章
楠　　凡之	くすのき ひろゆき	北九州市立大学文学部	Ⅱ	7章
白石　正久	しらいし まさひさ	龍谷大学名誉教授	Ⅲ／おわりに	

2020年11月現在

も　く　じ

カバーデザイン　千葉香織

 発達保障のための子ども理解の方法

発達保障のための子ども理解の方法

木下孝司

はじめに

　保育や教育の実践現場において，発達理解に関して「2歳くらいの発達レベル」とおおよその発達年齢が語られることがしばしばあります．また，個別の教育支援計画などに，専門機関での発達検査の結果として「運動面：3歳6か月，認知面：2歳3か月，対人面：1歳10か月，発達指数（DQ）：60」といった表記がなされている場合もあります．発達診断というと，発達検査や知能検査を実施して，発達年齢（精神年齢）や発達指数（知能指数）を算出し，子どもの能力を数量化して表すこととしてとらえられる傾向があります．そうした数字は何か客観的な指標に見えますが，その子の「できること」の現状を確認しているだけのように思われます．あるいは，その子の苦手なことや弱さのあるところを，あらためて具体的に晒されているように感じてしまうこともあるかもしれません．いずれにしても，発達検査を実施して数値を出すだけでは，子ども理解を深めて実践や子育ての展望を導き出すことはできません．

　子どもや障害のある人たちの発達保障のために求められることの一つに，出会った子ども・人たちの理解を深め，それまで気づかなかった願いや悩みを発見していくことがあります．実践者からは「困った行動」に見えていた行動の背後に，自らを変えていこうとする願いが隠されていたり，それが実現できないで困っている状態があります．「この子はこんなふうに感じていたのか！」「この人は，本当はこんなふうに困っていたんだ！」などと，私たちが気づかなかったり見えていなかった，内面世界を「再発見」することが実践の転機となります．この「再発見」のヒントは，発達保障のために吟味されてきた発達

理解の方法にあります．Ｉでは，その概要を説明して，発達理解において大切にしたいことを整理してみたいと思います．

　なお，本書が扱っている対象は，保育や教育の実践現場で出会う子どもが中心になるために，ここでは「子ども」理解という表現を使います．また，後述するように，発達診断は発達保障の取り組みにおいて重要な歴史的な役割を担い，今後も実践において期待されるところは大きいです．しかしながら，発達診断の「診断」という医学から導入された概念は保育や教育の実践を語るうえで馴染みにくい側面があり，本稿では広い意味で子ども理解を深める方法について考えてみたいと思います．子ども理解の方法には，大きくは心理学的なものと，実践的知見に基づいたものがあり，特に前者の方法に依拠して発展してきたのが発達診断であると位置づけます．

　心理学的な専門性がその出発点にある発達診断と，保育・教育の専門性に基づいた子ども理解には，方法論の相違もありますが，子どもの内面世界を読み解き，その願いや悩みを再発見するという目標は共有されるものであり，相互に学びあっていくことで，子ども理解をさらに深めていくことができると思います．Ｉの最後では，本書のタイトルである「教育と保育のため」に，それぞれの専門性を生かしあって，子ども理解を深めていくのにどのような課題があるのかも考えてみます．

1　発達保障と発達診断

　最初に，子ども理解のための，一つの重要な方法である発達診断について，歴史的背景や用いられている概念を整理しておきましょう．

　発達診断とは，「発達状態および健康や障害の状態を判断することによって，必要な治療，訓練，指導上の対策を講じていこうとする」（白石，1997，p.674）専門的実践行為です．発達診断は，発達や障害に関わる諸科学，特に発達心理学や小児医学，神経科学などの研究成果を総合的に活用することによって成り立つもので，発達と障害をとらえる理論と方法の有効性と限界には留意する必要があります．今日，発達診断ないしは発達検査で用いられている概念や指標のなかには，発達をとらえるうえでの限界が指摘されながらも，その

問題点が吟味されないまま，さまざまな実践現場で利用されているものもあります．まず，しばしば目にする発達検査の結果を表す概念や指標の歴史的経緯を概括的に見て，一見客観的に見える数字のもつ意味や限界を理解したいと思います．

（1）知的能力を測定する試みとその指標の変質

　子どもの知的能力を客観的に測定する試みは，20世紀初頭にまで遡ります．ビネー（Binet, A.）は，新たな「知的水準の診断法」を考案し，それが今日の知能検査として継承されています．フランスでは1882年に義務教育制度が開始され，留年を重ねる子どもの問題や知的障害の診断と分類において困難をかかえていました．科学的で客観的な基準がないまま，医師の主観的判断でそうした子どもが診断されていることを問題にしたビネーは，1905年に30項目からなる面接による検査課題を提案し，さらに障害のない子どものデータに基づいて，1908年には改訂版を発表しました（1911年の改訂版も含めて，ビネー・シモン（1982）に収録）．1908年の改訂版において，通過状況から年齢級ごとに検査課題を配列して，知的水準の診断結果を年齢で表記できるようにしました（「精神年齢」という名称は，ビネーの死後，ドイツの心理学者シュテルン（Stern, W.）によって使われるようになったものです）．知的障害を固定的な特性としてとらえていた時代にあって，年齢で知的水準を表して時間的な変化を概念的に取り込んだ点に，ビネーの尺度の特長があります．

　ビネー自身も再三，注意を喚起しているのですが，この知能測定尺度はあくまでも特別な指導法を必要とする子どもと，そうでない子どもを分類するためのものであって，すべての子どもの知能の高低を比較するものではありませんでした．彼は，配慮の必要な子どもの少人数学級と特別なプログラムを提唱し，自ら考案した尺度はそうした教育が必要な子どもを見極めるという目的だけに使い，そうでない子どもをランクづけるために使用できないと考えていたのです．

　こうした性質の尺度の意味を大きく変質させたのが，ターマン（Terman, L.M.）によるスタンフォード・ビネー知能検査の開発です（Terman, 1916）．ターマンはアメリカにおいてビネーの尺度を標準化し，シュテルンがアイディ

アだけを提案していた「知能指数」を実用化したことで知られています．知能指数は，検査で示された精神年齢を生活年齢で除して算出された比率であり，そのことで異なった生活年齢集団を越えて個人同士の比較を可能にしようとしたのでした．「すべての子どもに知能検査を」というスローガンのもと，知能の遺伝決定論とともに知能指数概念が学校教育に浸透するなかで，知能検査はすべての子どもを知的能力で序列化する道具として機能していくことになります（グールド，1998も参照）．その後の知能検査では，比率に基づいた知能指数から偏差知能指数が導入され，統計学的な厳密化が図られるのですが，それはあくまでも集団内での位置を示すことを徹底したものであり，個人内の発達的変化を捨象した指標であることに変わりないのです．

　たとえば，「生活年齢2歳，精神年齢2歳，知能指数100」であった子どもが，その2年後，「生活年齢4歳，精神年齢4歳，知能指数100」となった場合，精神年齢の変化にも関わらず，知能指数だけみていたら「変化のない子ども」と判断され，新たな心的世界の広がりを正当に評価できません．知能指数（発達指数）は，仮に統計学的な処置が厳密になったとしても，このように発達的変化を覆い隠してしまう指標なのです．

　ビネーが構想したことと，ターマンが継承発展させたことには，相容れない考え方の相違があったのです．現在もよく目にする知能指数は，子ども・障害のある人の発達的変化をとらえるのが困難な指標であることに注意したいと思います．

（2）「〜歳レベル」という表記の限界

　では，ビネーの意図に立ち返って，「この子どもは〜歳くらいの発達レベル」と表記したらよいのでしょうか．実際，冒頭でも述べたように，こうした記載は実践現場で散見されますが，発達理解という観点から限界をもっています．

　端的に言えば，この表記は，ある年齢の子どもの平均的な特徴を有していることを示すメタファーであり，それ以上の情報を与えてくれるわけではありません．また，特に成人期以降の障害者に対して，「2歳レベル」といったとらえ方をすることは一面的であり，その人の人生経験を踏まえた理解とは距離が

あります．つまり，その子ども・障害のある人がどのような特徴をもった世界に生きているのか，外界や自己をどのように見ているのかなど，さらにつっこんだ心理的メカニズムは，年齢による表記では見えてこないのです．ビネー以後の発達研究では，子どもの振る舞いや行動などの現象の背後にある構造的変化に着眼して，いわば質的転換を取り出すことが目指されています．そうした理解をくぐってこそ，発達の内在的な特徴に基づいて，具体的でかつ必然性のある指導内容を考えることができます．

また，障害のある子どもや人たちの理解に目を向けると，一見すると発達が停滞したり，場合によっては後退しているようにみえる現象に出会うことがあります．「～歳レベル」という記述に留まって，質的転換という視点をもたないと，そのような現象を説明することが困難になります．発達は，「2歳」→「3歳」→「4歳」…と年齢の進行のように予定調和的に進行するものではなく，新たな構造的特徴をもった内面世界を，行きつ戻りつ自らつくりあげていくプロセスなのです．

（3）発達保障と発達診断の始まり

もう一つ注意が必要なのは，ビネーが扱ったのは知的能力，すなわち知能の発達であったことです．人間の発達は，知的能力だけではなく，身体や運動，手指を使った活動，対人関係，感情（情動）などさまざまな機能が関連しあいながら総体的に進んでいくものです．そのような諸機能の発達について，生後間もない時期から多くの子どもを縦断的に詳細に観察して，年齢的標準を示す行動発達のリストを作成したのが，小児科医のゲゼルです（Gesell & Amatruda, 1947）．彼は，この詳細なリストに基づいて，発達診断を行い，子どもの治療や指導に役立てることを意図したのでした．ゲゼルは，発達診断という概念とその方法を最初に提案した研究者であり，彼の考案した検査項目はその後の発達検査にも受け継がれています．本書で紹介されている新版K式発達検査の項目には，ゲゼルが用いた検査の流れをくむものも含まれています．

ゲゼルの発達診断のための方法は，今日も私たちは利用しているものであり，彼の発達診断は立ち返ってみるべき知見であると思います．しかしながら，彼の発達のとらえ方に関しては，質的転換を理論的に想定せず，成熟による変化

によって発達を説明する立場となっています．また，機能ごとの評価をしつつも機能間の連関性を説明できておらず，指導内容を検討したり，障害による発達の停滞現象を理解することにおいて課題を残しています．

　1970年代以降，小児医学や小児神経学の領域では，ゲゼルの発達診断学をベースにして，神経学と発達心理学を統合した検査法や診断マニュアルが提案されてきます．また，同時期の心理学領域において，発達心理学の研究成果を取り入れた新たな発達尺度も発表されます（1980年代初頭までの発達診断学研究の動向については，三宅（1984）を参照）．こうした発達診断をめぐる研究が進展してきたのは，子どもの発達を保障するための社会的な要請が強まったことがあるでしょう．すなわち，発達診断は，障害の早期発見・早期対応や発達相談（加藤，1982；加藤・中村，1984）など乳幼児健診体制の充実，障害児教育実践における科学的な発達理解（藤本，1989）など，発達保障実践を進めていくうえで大切な役割を果たしてきたと言えます（玉村，2009）．

　1980年代には，発達診断の方法に新たな問題提起を行った『子どもの発達と診断』シリーズ（田中・田中，1981，1982，1984，1986，1988）が刊行され，その後，発達診断に携わる者にとって重要な参考文献となっています．このシリーズは，「可逆操作の高次化における階層―段階理論」（田中，1980，1987）が理論的基盤となっており，その背景には大津市における乳幼児健診において，発達診断技術の向上を目指して粘り強く取り組まれた実践と研究（田中，1989）があります（発達のダイナミックなプロセスと障害を理解するうえで，「可逆操作の高次化における階層―段階理論」が大きな利点をもっていることについて，中村（2013）を参照）．

2　発達理解の基本

（1）発達保障のための発達診断に求められる視点

　発達保障の理念のもとに，発達を，子どもや障害のある人が「外界にはたらきかけ，その外界と自分自身を新たに創造していく主体的な活動，およびその変化の過程」（白石，2013，p.161）としてとらえ，「活動を構成する諸機能・能力の連関や発達の質的転換を達成していくための発達の原動力の生成」（同

上）を見出す方法として発達診断は位置づけられてきました．あわせて，発達診断による対象理解を一つの仮説として，子どもや障害のある人が外界や自分をどのように受けとめて，はたらきかけようとしているのかを質的に分析しつつ，子ども・障害のある人が主体的な活動を豊かに広げていく生活や教育のあり方を検討することも進められてきました．そして，実践の結果を振り返り，仮説としての発達診断を検証し，再度，対象理解を吟味し直す，というサイクルによって，実践は展開されていきます．つまり，発達診断と実践は不可分な関係にあり，そのため，発達診断は発達検査だけではなく，生育歴や日常的な姿などさまざまな情報に基づく必要があります．

　発達診断，あるいはその際，用いられる発達検査というと，方法や技術的側面の話となりがちですが，「発達」をどのようにとらえるのかということについて，ここでは整理しておきましょう（荒木，1984も参照）．

（2）何のために発達を理解するのか

　私たちは何のために発達を理解する必要があるのでしょうか．筆者は，子どもや障害のある人が願っていることや困っていることなど，その内面世界を想像する手がかりを得るためと考えています．通園施設に通うAくんは，ホールに行くのも，バスに乗るのも一番になりたいという時期がありました．一番になれないと，すごい剣幕で怒ります．おとなからすると，「そんな小さなことで，いちいち怒らないの」と言ってしまいます．ただ，本人からすると「小さなこと」ではないからこそ，怒りに震えるほど残念であり悔しくも感じているのです．このような場合，障害の特徴やその子の性格といったことで説明されやすいのですが，Aくんは「できる―できない」という二分的評価にとらわれやすい特徴が顕著な段階にいました．「できない自分」を感じることが多い彼は，目で見てわかりやすい「一番になる」ことで自身を肯定しようとしていたのではないかと，実践者は仮説をもちました．実際，Aくんの出番（給食運びでみんなに認められる）が増えることで，「一番へのこだわり」はなくなったのでした．私たちは，「できる―できない」だけではなく，中間的な評価や多元的な見方をして，自分も捨てたものではないかなと思ったりしています．そのため，Aくんの生きている内面世界はすぐには理解しがたいのですが，本書

で述べる発達研究の知見を手がかりにして，ある固有の特徴を有する世界を想像してみる必要があるのです．

　もちろん，こうした発達の視点だけではなく，その子がどのような障害をもって，いかなる活動の制約を被っているのかという視点や，さらにはどのような環境のもとで生活をしているのかという視点も，子どもの理解を深めていくには必要です．いろいろな情報を活用して，子どもたちの内面に少しでも近づくことができればと思います．

（3）理論を学びつつ，子どもの事実から「理論」を見直す

　人間の発達は，行動のさまざまな変化から成り立っています．その事実を羅列するだけでは，内面の育ちという直接見えないものをとらえることはできません．どの事実に目を向けて，事実と事実の間にどのような関係を見出して，意味づけていくのかが問われることになり，そのために現象を整理してとらえる，ある種の枠組みとしての理論が必要になるのです．そこで，先人たちの研究や実践から学ぶことが重要になります．たとえば，赤ちゃんが物と物を打ち合わせたりなめたりしているようすを，ピアジェの感覚運動的なシェマの協応という視点で見ることで，そこに，赤ちゃんなりに外界に働きかける認知の働きを読みとることができます．「理論」というのは，お勉強のために覚えるものではなく，今まで見ていた現象において見落としていた事実やメカニズムを再発見するためのものだと言えます．

　「理論」というと，昔の偉い人が難しい言葉で述べていることとして，抵抗を覚える方も多いかもしれません．発達研究においては，「理論」は子どもや人間を理解するときの，目のつけどころとしてとらえたいと思います．目のつけどころということでいえば，私たちは誰もが発達に関わる「理論」をもっていると言うこともできます．「親の育て方が子どもの性格を形づくる」とか「子どもをほめると自己肯定感が育つ」など，さまざまな「理論」が実践を通して形成され，知らぬ間に子どもを見るまなざしを方向づけていることも少なからずあります．それが有効に働く場合もあれば，発達に関わる重要な事実を見落としてしまうこともあります．また，この種の見落としは，いわゆる科学的な「理論」を学ぶ場合においても生じやすいことです．そこで，子どもの姿

を質的に，細かく見ていくことが重要になりますし，いろいろな立場の人々が複数の目で事実を観察して，さまざまな角度からその事実を語りあっていくことが有効な手立てとなるのです．

（4）質的転換をとらえる

　本書は，いくつかの発達段階を想定して構成されています．それは単に「年齢」という目安で時期区分しているのではなく，外界の受け止め方や外界や自分に働きかけていく様式が質的に変化することに注目してのことです．例えば，同じ棒きれが目の前にあっても，乳児期前半の子どもにとっては眺める対象であったのが，乳児期後半になると手に持って床を叩いて音を鳴らすものになり得るでしょう．あるいは，そばにいるおとながその棒を楽しそうに回してみると，生後10か月頃の子どもであれば，同じようにしてみたくなるかもしれません．さらに，1，2歳ごろからは，その棒を飛行機に見立てて遊ぶこともあります．このように，同じ対象物であっても，それぞれの時期の子どもにとっての見え方や感じ方，あるいは操作の仕方は大きく変わっていくのです．それを質的な変化として呼ぶことができ，質的転換をとらえることは「子どもの視点」に立って，実践における活動内容を検討するのに必要なことになります．

（5）連関をおさえる

　発達を研究したり評価したりする際，いくつかの機能・能力ごとに分析することが多いですが，それぞれは互いに関連しあいながら変化しています．たとえば，生後1歳半ごろ，安定した歩行が可能になり移動の範囲が増え，スプーンなどの道具の使用も飛躍的にじょうずになり，事物を命名して言葉の広がりが顕著になります．これらの事実はバラバラに起こるのではなく，それぞれの間には，目的をもって行動し「…デハナイ…ダ」と調整する働きが内包されています．このように，同一の発達段階において機能間のつながりをとらえる視点を機能連関と呼びます．保育や教育において指導する活動には，同時に複数の機能・能力が含まれていることから，機能連関をおさえることは活動内容を吟味するのに有効になるでしょう．

　連関ということでもう一つ留意したいのは，発達連関という視点です．生後

9，10か月頃，自ら発見したものを指さして大好きなおとなにそのことを伝えるといったことが見られるようになります．この，第二者との間で第三者を共有するという働きは，やがて話し言葉を利用したコミュニケーションが広がっていく基盤となります．このように，今どのような力を育てることが，後の時期にいかなる力として開花していくのかと指導の見通しを考えるのに，発達連関の視点をもつことは重要になるのです．

　障害のある子ども・人たちの場合，諸機能・能力間の連関にさまざまな「ずれ」が生じている場合があります．たとえば，通常であれば，「…デハナイ…ダ」と認知的に弁別する能力と，気持ちの調整能力が関連しあって発達するところが，前者のみ先行した状態である事例もあります．その際，気持ちの切り替えの難しさが対人的な文脈において顕著になり，社会的活動を制約する状況がつくられて，その結果，社会的経験が広がりにくくなるという悪循環が生じます．そのため，発達診断において，機能・能力の状態だけではなく，相互の連関のありように目を向ける必要があります．

（6）発達の原動力をとらえる

　発達は子ども（人間）が自らを変えていくプロセスです．子どもは，今もっている力を使って外界にはたらきかけていきます．しかし，より外界に関われば関わるほど，現在の力だけでは対応できない事態にぶつかります．旧ソ連のコスチュークは「子どもの発達の原動力は，子どもの生活，かれの活動，まわりの社会的環境とかれのとの相互関係のなかで生じた内部矛盾である」（コスチューク，1982）としています．すなわち，子どもが能動的に活動を行うことで，今までの枠組みに支えられながらそれでは対応できない状態，すなわち内部矛盾をかかえて，新たな枠組みを生成していくのが発達プロセスといえるでしょう．その意味で，発達の原因は子ども（人間）の内部にあることから，自己運動としての発達と呼ぶこともできます．

　発達の要因を子どもの内部に求めるからといって，教育・保育の役割を軽視するものではありません．教育・保育の役割は，自らを変えていくプロセスがうまく駆動するように，子どもが出会う適度な世界を用意する，直面した矛盾でたじろぐ心を応援するなど多数あります．また，何よりも大切なのは，子ど

もが夢中になり，能動的にむかっていける活動を用意し，生活のあり方を検討していくことです．言い換えるなら，子どもの内部に発達の原動力が生じやすくするために，それに必要な条件（発達の源泉）を用意することに教育・保育の重要な役割があるのです．

3 子ども理解のための二つの方法と相互の学び合い

　以上述べてきたことは，子ども自身が生活や遊び，学びを通して自らを変えていくプロセスを理解するための視点です．そのプロセスにどのようにアプローチして，子ども理解を深めていくのか，具体的な方法についてみていきましょう．

（1）心理学的子ども理解と実践的子ども理解

　川田（2015）は，子ども理解のアプローチの仕方を大きく，心理学的子ども理解と実践的子ども理解に分けて，それぞれの特徴と違いを述べたうえで，実践現場における子ども理解を深めるための方法を提案しています．

　心理学的子ども理解は，ビネー以来，開発されてきた心理学的測定方法によって，子どもの能力を測り，それに基づいて子どもを理解するものです．ある標準化された尺度を当てはめることで，子どもの変化や特徴を示すことができるものとして，この方法は大きな役割を果たしてきました．客観的に判断するために，定められた手続きで検査を実施し，多くのデータに基づいた平均値との相違を測定することは，得られた知見の信頼性や再現性を担保するために必要なことだったと言えます．

　筆者なりの表現を使えば，心理学的子ども理解は，測定したい機能・能力だけに注目するために，諸要因を均一にして，できるだけ個々の文脈を排除した脱文脈的な方法と言えます．

　たとえば，手指を使って何かを作る活動は，いろいろな素材を使った，さまざまな内容のものが実際にはありますが，心理学的測定においては大きさと色の決まった積木を使い，教示の仕方もあらかじめ定められています．それに対して，実践的な子ども理解は文脈を重視したものです．保育者・教師は，子ど

もと関わりながら，個々の具体的なエピソードに基づいて子ども理解を深めていきます．保育者・教師も子どもと同じように発達の主体ですので，それぞれの子どもへのまなざしの向け方は，日々変化しており，それに応じて子ども理解の内容は変わっていき，場合によってはその子ども理解は揺らぐこともあります．そのため，実践的な子ども理解は主観的なものとして軽視され，心理学的測定が中心に置かれる向きもありますが，実践者が子どもと向かいあうなかで感じ取られた事実には，子ども理解を深める貴重な材料が隠されています．

　川田（2015）は，実践的子ども理解を，より子どもの事実に近づき豊かなものにするための方法論の提案をしています．それは，実践的子ども理解の形成過程を二段階で考え，一次的評価において保育者・教師の主観を重視し，二次的評価では実践者の集団討議を行うというものです．まずは，子どもと関わるなかで，実践者がそれぞれの発達観や保育・教育観を背景にしつつ感じる「気づき」を簡単な記録として残していきます．それらを持ち寄って，集団的な討議を重ね，実践者集団が共通して認識している部分と，個々に理解や表現にバラツキがある揺れる部分を分けてみます．川田（2015）によると，前者は診断や障害特性と調和する内容を含み，後者には個々の実践者と子どもとの関係性が反映しており，どちらも重層的に子どもを理解するのに不可欠な要素となります．

　こうした二つの子ども理解の利点を相互に取り入れながら，発達理解を基本にすえた子ども理解を深めていくために留意したいことを，専門性の異なる立場ごとに整理してみたいと思います．

（2）心理学的子ども理解における実践的視点の導入

　最初に，心理専門職の立場，あるいは学校内の担当として，発達検査を用いて発達診断を行い，心理学的な子ども理解に関する情報を実践者や保護者に提供する場合を考えてみましょう．

　先に述べたように，発達検査など心理学的測定の特徴は脱文脈性にあり，そのことによって信頼性と再現可能性の高いデータを得ることができます．その意味において，定点観測的に子どもの状態を把握して，子どもの変化を振り返るのに有効です．毎日接していると気づきにくい発達的変化を，同じ条件下に

おける反応を時系列にそって比較することでとらえ直すことができるのです.

　ただ一方で，標準化された課題を実施して，決められた基準でその成否を評価するだけでは，発達のダイナミズムをおさえることはできません．発達検査の手順を理解したうえで，検査場面を日常場面や実践場面に近づけるよう，さまざまな条件変化や多元的な評価基準を導入することで，子どもの姿の違いを確認して，発達の原動力を考察する材料を見出す必要があります．ここでは，検査場面に実践的な文脈性を取り入れて，子ども理解を深めるために，留意したい三つの事項をあげてみたいと思います.

1）子どもの姿の丁寧な記録と評価基準

　まず，標準化された手続きで実施した場合であっても，検査結果を「できる―できない」という二分法的に記述するのではなく，「でき方」や「できなさ」をていねいに観察して記録することが大切になります．そのためにも，それぞれの検査課題を達成するのに必要な能力を分析しておく必要があります．たとえば，「積木を積む」課題（新版K式発達検査では「積木の塔」）でいえば，a）検査者とともに積木および検査者の動作や言葉に注意を向ける，b）積み上げていくという目標を心的に表象する，c）指先を使って調整とバランスを図りながら積木をのせる，といったことが必要となります.

　本書では，課題の説明に加えて，観察の観点が紹介してあります．こうした観点をヒントにしながら，子どもの「できなさ」や「間違い」に注目することで，量的な評価に留まらず，獲得されつつある能力や弱さが具体的に見えてくるのです.

2）条件変化を意図的系統的に導入する

　二つ目の留意事項は，課題分析と反応の質的検討から得られた知見に基づいて，検査実施の条件変化を導入してみることです．たとえば，乳児期後半への移行期において，赤ちゃんにものを提示するのに仰向けの姿勢で行うのか，あるいは座位の状態で行うのかによって，外界へのアプローチの仕方に変化が見られます．この時期の赤ちゃんにとって，姿勢の取り方は外界に向かう構えが異なり，こうした条件変化によってその子に潜在する力を知ることができるのです．また，幼児期への移行期（1歳中ごろ）の「積木を積む」課題において，高く積み上げる動作が途切れやすいようすがみられたら，a）言葉だけで高く

積む指示をする，ｂ）検査者が高く積むモデルを提示する，ｃ）１個ずつ積木を渡しながら指示するなど，積み上げていく目標を保持するための支えの入れ方を段階的に変えてみることで，「できなさ」の背景にあるものがより明確に読み取ることができます．

　あるいは，既存の発達検査にはない課題を導入したり，考案してみることも，子ども理解の手がかりを増やすことになります．本書では，田中・田中（1981, 1982, 1984, 1986, 1988）を参考にした課題を紹介していますが，既存の発達検査にはないオリジナルなものとなっています．子どもが潜在的にもつ力を確認するために必要な課題を考案したり，発達心理学研究の成果を取り入れたりすることは有益なことでしょう．

３）子どもと検査者のコミュニケーション的関係を検討する

　三つ目に，検査場面も検査者と被検査者が織りなす対人コミュニケーション状況としてとらえ，それを発達的な視点から再検討することによって，実践に寄与する知見が得られるでしょう．検査を行う際，子どもとラポールを取ることは言うまでもありませんが，関係のあり方そのものは発達的に変化するでしょう．自分の行為の目的（意図）をもちはじめた子どもであれば，いきなり課題を提示するのか，課題を対提示して本人に選択させるのかでは，当然，子どもの応じ方は異なります．

　検査を受ける子どもが検査場面をいかにとらえ，検査者の意図をどのように受けとめているのかを推測して，その子なりの応じ方の意味をくみ取ったコミュニケーション関係を形成することで，主体の力を最大限引き出す関係性を考えるヒントが得られるでしょう．

（3）実践的な子ども理解における仮説生成的視点の導入

　続いて，教育や保育の現場において，実践者が子ども理解を深めていく場合について整理してみましょう．実践的な子ども理解には，日常的な文脈において子どもの内面に近づく材料が多くあります．それをより精緻な仮説として練り上げていくのに，川田（2015）が提起した二段階の評価は有効なものです．特に，それぞれの実践現場において集団的討議（カンファレンス）を経て，子ども理解の仮説を生成するプロセスは重要になります．このプロセスを実りあ

るものにするために，考慮したい視点を次に整理しましょう．

1）事実・実態を踏まえて，問いをシャープにする

　指導で悩む行動を前にしたとき，性急に対処法を求めたくなりますし，周りも何か助言をしてあげなくてはと思います．そういうときだからこそ，子どもがなぜその「困った行動」をするのか，子どもの願いや悩みは何なのかを話しあいたいものです．その際，まずは事実や実態を複数の目で確認して共有することが必要となります．具体的には，ａ）「困った行動」がどのようなときに見られやすいのか，逆にｂ）「困った行動」が見られにくいときはいつか，といった観点で，記録や記憶を集団的に振り返り，メモを作っていきます．後者の「困った行動」が見られにくいときというのは，当初，なかなか出てこないことが多いです．「困った行動」は実践の流れを乱すので気づきやすいですが，それが起こっていないときというのは気づきにくいものです．とはいえ，どの子も絶え間なく「困った行動」をしているわけではありませんので，必ずその事実を確認することができるはずです．

　そのように事実を集積できると，たとえば「この子はなぜ，友だちをすぐに叩くのか」といった問いかけが，「この子はなぜ，給食の前に，友だちを叩くことが多いのか」「この子は，どうして，園庭で遊んでいるときには友だちとのトラブルは少ないのか」といったように，事実を踏まえたシャープなものになります．前者の問いかけでは，事実の押さえが弱いのであれこれと複数の仮説が浮上しますが，後者においては仮説を絞っていきやすくなるのです．事実・実態の把握と問いの往復運動で，対象理解を深化させていくことは，科学的認識の基本なのですが，実践的子ども理解においても同じことが言えるのです（木下，2011, 2018も参照）．

2）発達的視点から事実をつなぐ

　このように事実を整理することで，子どもの願いや悩みに近づく材料を得ることができます．さらに，本書で述べていく発達を理解する視点を加えることで，整理された事実をつないで子ども理解の仮説をさらに掘り下げることができます．

　そう君（仮名）は，全体にゆっくりとしたペースで育っているダウン症の子どもです（木下，2018）．2歳児のときから保育を受けており，3歳児クラス

に進級して意欲的に生活に向かう姿が出てきました．その一方で，わざと叱られるようなことをすることも目立ち，特に給食のときにスプーンを床に投げることがしばしばありました．このスプーン投げの背後には，どのような願いや悩みが隠されているのでしょうか．

　このことを考えるために，上述したようにまずは事実・実態を実践者集団で振り返ることが大切になります．そう君の場合，「いただきます」をしてすぐにスプーンを放っているのではなく，友だちがおかわりをするころにスプーン投げが多いことがわかりました．他方で，午前中の設定保育で好きな遊びをたっぷりしたり，給食の用意を手伝って先生や仲間から感謝されたりして，達成感を感じた後に給食を迎えると，スプーン投げが少ない可能性も見えてきました．また，3歳児になって「意欲的になった」という日常的な印象は，たとえば担任がお散歩の準備をしかけると，くつ箱のところに行き，自分からくつを出してはこうとするといった事実に基づいたものであることも確認できました．

　これらの事実をつないで子ども理解を進める際，発達に関する理解がヒントを与えてくれます．1歳半の質的転換期を迎えるなかで，子どもは目的や意図をもち，「…デハナイ…ダ」と調整する力を発揮するようになっていきます．目的や意図という視点で上記の事実を見ていくと，そう君なりに「〜しよう」と目的を明確にもって行動していることが確認できます．しかも，他児とともに関わりあう生活を過ごしてきたことで，他の子どもがしていることにあこがれ，同じようにすることが行動の目的となっているといえます．ただ，そう君には道具をうまく使いこなせない不器用さがあり，友だちと同じようにしたいけれども，それができないという悩みをもっていることに気づかされます．また一方で，スプーンを投げないで食べられたときを振り返ると，何らかの達成感を感じた後だと，うまくできないことでも気持ちの調整をしながら挑戦できる可能性も見えてきます．

　このように，発達的変化を特徴づける視点をもって，子どもの具体的な姿をつないでみることで，子どもの内面世界を想像する仮説を得ることができます．もちろん，それはあくまでも仮説であって，実践を通して検証する必要があります．

　また，子どもはさまざまな姿を見せるわけですから，一つの仮説に収まらな

いところもあり，実践者間での理解や印象にずれが生じる場合もあるでしょう．それを切り捨てるのではなく，その種のずれがなぜ生じるのかを考えてみるのは実践的な子ども理解を深めるきっかけとなります．

3）発達的視点から実践的な問題をとらえ直す

　発達を学び発達的視点をもつことは，子どもの事実をつなぐヒントを得るだけではなく，日頃，目には映っているが，気づかなかった事実に目を向けて，実践的な問題をとらえ直すのに役立ちます．

　けい君は，小さい頃から落ち着きがなく，友だちとのトラブルが多いと言われてきた4歳児です．2歳児や3歳児のときの記録にも「落ち着きがない」という記載が続きます．しかし，ていねいに事実を振り返ってみると，4歳児になって日課の切れ目で行動が途切れることはなくなっていました．代わって，友だちとのトラブルが多くなった印象を実践者はもっていました．ここでも事実を詳細に記録し振り返ると，おやつを選んだり，次の活動で使うものを決めたりするところで時間がかかり，その際，他児がせかしたり順番をぬかしたりすることがぶつかりあう原因となっていたのです．実践者は，つい「けい君，さっさとしてね．また，友だちとけんかになるから」と声をかけてしまっていました．

　実践者自身，幼児期以降，自分で考え選択することは大切な発達であることは，知識として知っていましたが，具体的な場面に即して十分に生かしきれていないようです．そこであらためて，「…デハナイ…ダ」と調整する力を獲得し，それを生活の中で発揮していくというのは，どういうことなのか，あるいは「生活の主人公」になるというのはどういうことなのかといったことを検討し直しました．その中で，「もたもたしている」と理解されていたけい君の姿は，「自分で考え，迷っている」姿としてとらえ直されることになっていきました．そうした振り返りを通して，実践者の働きかけのスタンスは，けい君が考えていく「間」を大切するものに変わっていきました．

　「できる―できない」の物差しではなく，子どもに対するまなざしの向け方を学ぶことで，目には映っていたけれども見落としていた子どもの姿を再発見することができると，実践的な子ども理解はさらに深いものになっていきます．そして，子ども理解の深化によって，実践者は子どもとの関わり方を見直し，

子どもの内面にふさわしい関係づくりが可能になっていくのです.

さいごに

「教育と保育のための」子ども理解は，心理学的な方法に依拠した発達診断
であれ，実践的な文脈を尊重したものであれ，子どもに関わる事実を，それぞ
れ異なる専門性をもった実践者が複数の目で振り返り，発達的視点から子ども
の内面に近づこうとする営みです．専門性や立場によって方法上の相違もあり
ますが，上述したように，発達的視点に立った共通基盤の上に学びあうことで，
さらに子ども理解を深めていくことができます.

　現場の仲間とともに，子どもの姿を語りあいながら，見えていなかった事実
に気づき直し，子どもの悩みや願いを再発見するプロセスはいずれの実践現場
でも大切にしていきたいと思います．現場の多忙化や実践者の労働条件の悪化
などによって，子どもの話をする時間が減少しています．ちょっとした空き時
間を見つけて，子どもの話をする上で，どんなところに目をつけたらいいのか
を，本書からぜひとも学んでいただければと思います.

　繰り返しの指摘になりますが，発達理解は「できる」ことをリストアップす
ることではありません．発達理解を通して，「できなさの中に潜む輝き」（三木，
2013）を発見したり，私たちの目線では見えていなかった子どもの内面世界に
気づいて，子どものことがよりいっそう愛おしく思えるようになることを願っ
ています.

文　献

荒木穂積（1984）テスト・診断・実践．加藤直樹・中村隆一編，発達相談をすすめるた
　めに――基礎・方法・障害への対応，pp.90-133．全国障害者問題研究会出版部.

ビネー，A.・シモン，Th.（中野善達・大沢正子訳）（1982）知能の発達と評価――知能
　検査の誕生．福村出版.

藤本文朗（1989）発達診断をすすめるために．荒木穂積・白石正久編，発達診断と障害
　児教育．pp.2-8．青木書店.

Gesell, A. & Amatruda, C.S.（1947）Developmental diagnosis. 2nd ed. Hoeber.

グールド，S.J.（鈴木善次・森脇靖子訳）（1998）人間の測りまちがい――差別の科学史

増補改訂版. 河出書房新社.

加藤直樹編 (1982) 障害の早期診断と発達相談. 全国障害者問題研究会出版部.

加藤直樹・中村隆一編 (1984) 発達相談をすすめるために――基礎・方法・障害への対応. 全国障害者問題研究会出版部.

川田学 (2015) 心理学的子ども理解と実践的子ども理解――実践者を不自由にする「まなざし」をどう中和するか. 障害者問題研究, 43 (3), pp.18 - 25.

木下孝司 (2011) 障害児の指導を発達論から問い直す――要素主義的行動変容型指導を越えて. 障害者問題研究, 39 (2), pp.18 - 25.

木下孝司 (2018) 「気になる子」が変わるとき――困難をかかえた子どもの発達と保育. かもがわ出版.

コスチューク, G. S. (村山士郎・鈴木佐喜子・藤本卓訳) (1982) 発達と教育. 明治図書.

三木裕和 (2013) 希望でみちびく科学――障害児教育, ホントのねうち. クリエイツかもがわ.

三宅篤子 (1984) 発達診断に関する最近の動向とショプラー, E. の自閉児・発達障害児の教育診断. 障害者問題研究, 37, pp.30 - 40.

中村隆一 (2013) 発達の旅――人生最初の10年 旅支度編. クリエイツかもがわ.

白石恵理子 (1997) 発達診断. 茂木俊彦 (責任編集), 障害児教育大事典, pp.674 - 675, 旬報社.

白石正久 (2009) 発達障害と発達診断. 白石正久・白石恵理子編, 教育と保育のための発達診断, pp.242 - 268. 全国障害者問題研究会出版部.

白石正久 (2013) 特集にあたって――障害のある人々の発達を「よく理解する」ために. 障害者問題研究, 41 (3), p.1.

玉村公二彦 (2009) 子ども・障害のある人たちの権利と発達保障. 白石正久・白石恵理子編, 教育と保育のための発達診断, pp.11 - 31. 全国障害者問題研究会出版部.

田中昌人 (1980) 人間発達の科学. 青木書店.

田中昌人 (1987) 人間発達の理論. 青木書店.

田中昌人・田中杉恵 (1981) 子どもの発達と診断1 乳児期前半. 大月書店.

田中昌人・田中杉恵 (1982) 子どもの発達と診断2 乳児期後半. 大月書店.

田中昌人・田中杉恵 (1984) 子どもの発達と診断3 幼児期Ⅰ. 大月書店.

田中昌人・田中杉恵 (1986) 子どもの発達と診断4 幼児期Ⅱ. 大月書店.

田中昌人・田中杉恵 (1988) 子どもの発達と診断5 幼児期Ⅲ. 大月書店.

田中杉恵 (1989) 発達診断と大津方式. 青木書店.

Terman, L. M. (1916) The measurement of intelligence: An explanation of and a complete guide for the use of the Stanford revision and extension of the Binet-Simon intelligence scale. Houghton Mifflin.

 発達の段階と発達診断

1章　乳児期前半の発達と発達診断

河原紀子

1　乳児期前半の発達的特徴

　体重約3 kg，身長およそ50cmで生まれた赤ちゃんは，バスタオルに包んでも座布団に寝かせても十分に収まってあまるほど小さな存在です．それが，生後半年も経たないうちに，バスタオルや座布団からはみ出すほどに成長し，抱っこするおとなの腕にずっしりとその重みが感じられるようになります．

　赤ちゃんは，出生という人生最初の大事業を経て，胎内からこの世に誕生します．母子分離を遂げたその瞬間から，肺で呼吸し，口からおっぱいを吸い，排泄するという新たな営みを始めます．そして，光や音，匂いなどを感じる視覚，聴覚，嗅覚さらに触覚，味覚などの感受性を豊かにしていきます．生後28日までの赤ちゃんは新生児と言われ，母体内での共生生活から母体外での独立した生活へと生理的適応が行われます（近藤，2012）．

　生まれて間もない赤ちゃんには，さまざまな原始反射がみられます．原始反射とは特定の感覚刺激に対して，不随意的ないし自動的かつ迅速に生じる身体の動きのことを指し（Vauclair，2004），それは胎児のころから出現しています（河合，2012など）．例えば，人さし指を赤ちゃんの口に3，4cmほど入れると，力強くリズミカルに吸う動きをする吸啜反射，口元や頬をつつくと顔をそちらへ向けて唇を突き出す口唇探索反射があります．この反射が出ると，母親（養育者）はお腹が空いているからおっぱいをあげなくてはという思いになります．これらの原始反射は栄養摂取に必要な哺乳に役立つ適応的な機能をもつだけでなく，乳児の情緒発達にも重要な役割を果たしています（Vauclair，2004）．そのほか，抱っこで寝かしつけてソーッと布団に置こうし

た瞬間にビクッと手足を広げ
たりするなどのように，急な
落下の動きや大きな音により，
両手を広げて抱きつこうとす
るモロー反射もあります．

　生後18時間以下の赤ちゃん
の口唇探索反射の出現頻度を
調べたロシャらは，赤ちゃん

写真1　自発的・生理的微笑

自身の手指が口唇に触れた場合と他者の手指が触れた場合とでは，他者の方が
2倍近く多かったことを示しています（Rochat & Hespos，1997）．つまり，
生後間もない赤ちゃんでも，自分の身体と他の刺激を区別して知覚しているの
です．これらの原始反射は生後数か月のうちに，条件反射や欲求にもとづいた
随意的な活動となっていきます．

　赤ちゃんは生まれながらに「微笑」の表情をもっています．うとうとしてい
たり，浅い眠りのときなどに，口角が上がって微笑んでいるかのような表情を
見せ，周囲を和ませてくれます．これは，あやしかけや人の笑顔に対する反応
ではないため，「自発的微笑」または「生理的微笑」などと呼ばれています
（**写真1**）．近年，この「微笑」はヒト以外の霊長類，チンパンジーやニホンザ
ルにも見られる現象で，ヒトについては生後2，3か月ごろまでだけでなく，
1歳ごろまで見られることから，「微笑」の起源についてさらなる研究が進め
られています（川上，2009；Kawakami，Tomonaga & Suzuki，2017）．

　さらに，新生児期の赤ちゃん（生後12 〜 21日）が「舌出し」「口の開閉」な
どの表情を真似ることは「新生児模倣」といわれています（Meltzoff & Moore，
1977）．生まれて数時間の赤ちゃんにも同様の現象が見られます．しかし，こ
の模倣は生後2か月ごろに消失あるいは減少することや「舌出し」以外はあま
り見られないことから，模倣の起源になるものかどうかについては意見が分か
れています（明和，2006）．

　以上のように，ヒトの赤ちゃんは出生直後からさまざまな面で大きな変化を
遂げていきます．「可逆操作の高次化における階層─段階理論」によれば，乳
児期前半は生後第1の発達の階層に位置づけられ，ほかの階層が1年ないしは

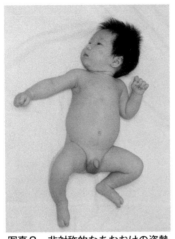
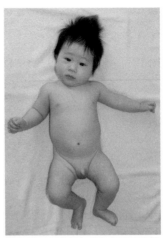

写真2　非対称的なあおむけの姿勢　　写真3　対称的なあおむけの姿勢

数年かけていくところを，乳児期前半はおよそ半年で経過していきます（田中，1987）．その理論によれば，乳児期前半には三つの発達段階と乳児期後半へ向けての飛躍的移行期があり，さらに，4か月ごろには「生後第1の新しい発達の力」が誕生します．乳児期前半の発達診断では，これらの諸特徴をとらえることが重要です．

（1）乳児期前半の三つの発達段階

　乳児期前半における三つの発達段階は，あおむけの赤ちゃんの身体，とりわけ胴体，首や手足，さらに手指が正中線，つまり体の中心に引いた縦の線（頭の頂点から鼻の頭，おへそ，恥骨を通る線）との関係でどのような姿勢・動きができるかによって以下のように区分されています（田中・田中，1981；田中，1985）．

　第1段階（生後1か月ごろ）では，あおむけの姿勢の場合，正中線との関係で対称的なのは胴体だけです．頭は左右どちらかに向き，手足は左右非対称になっています（**写真2**）．顔は伸ばしている手の方を向いていて，もう一方の手は軽く曲げ，フェンシングの構えのような姿勢です．手足は反射的，不随意的に動かし，さまざまな原始反射が見られます．うつぶせでは，胴体がべったりと床に接し，あおむけと同様に頭は左右どちらかを向き，頬も床についてい

写真4
自分自身の手を注視するハンドリガード

写真5　あやしかけに対するほほえみ返し

ます．手や足もあおむけ同様左右非対称です（体幹臥位）．

　視覚的には，赤ちゃんの視野にものを差し出し，それを動かすと，ごくわず
かに追う「点として」とらえる行動が特徴です．また，前述した「自発的微
笑」や「生理的微笑」もこの第一段階の特徴です．

　第２段階（生後３か月ころ）になると，首がすわりはじめ，あおむけでは胴
体だけではなく，頭も正中線をとらえて正面を向いてきます（写真３）．さら
に，正中線を軸に左右の手足も対称的になり，胸の上で手と手を触れあわせた
り，足と足を触れあわせるなど，手や足も相対的に胴体から独立した動きにな
ってきます．うつぶせでも，顔は正面をとらえ，手足は左右対称になってきま
す．肘で身体を支え，頭を床からもち上げるようになってきます（前肘臥位）．

　視覚では，そばを通るお母さんの姿を目で追ったり，気になったものをわざ
わざ振り返るようにして見たり，視野がさえぎられると抵抗するなど，見よう
とする姿勢が積極的になってきます．そうして，左右や上下（頭足）方向に
「線として」の追視ができるようになります．

　視覚と手の動きの関連について，生後２，３か月ごろになると，赤ちゃんは
自分の握った手をしきりに見つめるようになります（写真４）．バターワース
とハリス（1994）は，ピアジェの指摘をもとに，手の動きと視覚ははじめ独立
したものだが，自分自身の手を注視する「ハンドリガード」（hand regard）
の時期になると，手の視覚的コントロールができるようになると述べています．

　また，あやしかけに対してもにっこりと微笑する「ほほえみ返し」が見られ，
あやす方にも関わりがいが出てきます（写真５）．ただし，この時期は実物の
人の顔に対してだけではなく，写真やイラストなどの平面的な顔やその模型に

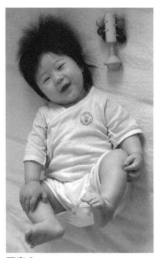

写真6
手で足をつかむ（あおむけ姿勢）

対してもほほえみます．ときには，ぐずったときにそれを見せるだけで機嫌が直るというようなことさえあります．

さらに，第3段階（生後5か月ごろ）になると，手の指が開いて正中線の軸をつかむように正面で触れあうようになります．そして，これまでの手と手，足と足といった横のつながりだけではなく，手で足をつかんだり，つかんだ足を口に入れたりと，縦のつながりが出てきます（**写真6**）．うつぶせでは，肘を伸ばし，掌で床を支えることによってグッと頭を上げ，胸まで上がってきます（手掌支臥位）．

ものを見る力も，動くものを360度左回り，右回りどちらも滑らかに「面として」追視することができ，それがあおむけの姿勢でだけではなく，支え座りやうつぶせでも全方位をとらえられるようになります．また，「見る」だけではなく，見たものに手を伸ばすようにもなっていきます．ものを視覚的にとらえ，それに対して手を伸ばす行動はリーチング（reaching）と言われています．ここでは，ものの位置と手の位置を決めるうえで視覚が重要な役割を果たしています（Vauclair, 2004）．さらに，お母さんや普段親しく接してくれる人には声を出して笑いかけるのに対し，知らない人はジッと見つめるなど，選択的微笑になってきます．

以上のように，乳児期前半の三つの発達段階における特徴は，姿勢の面ではあおむけとうつぶせ，どちらも「左右非対称」から「左右対称」へ，そして，その左右対称をふまえて新たな発展を遂げ，ものを見るという視覚の面では，「点」から「線」へ，そして「面」として全方位でとらえることへと発達し，人との交流における微笑は，自発的・生理的微笑から，ほほえみ返しへ，さらに選択的微笑へと変化していきます．

（2）生後4か月ごろの「生後第1の新しい発達の力」の誕生

「生後第1の新しい発達の力」は，上述の三つの発達段階の第2段階から第

3段階への移行過程，つまり生後4か月ごろに誕生します．この頃には次のような特徴が見られます（田中・田中，1981；田中，1985）．

　生理的な基盤として，体重が生まれたときの2倍を超え，延髄・脊髄系に基礎をもつ原始反射などが減衰して，中脳・間脳系の反応に統合されていきます．これらが生理的な基礎となって，首のすわりがそれまで以上にしっかりし，平面的な世界から立体的な世界へと，赤ちゃんがとらえられる空間が広がってきます．それ以前では，抱っこされての散歩や車・バスなどの乗り物の中では，心地よい揺れに誘われて眠ってしまうことも多いのですが，この時期になると，抱かれた腕から身を乗り出し，積極的に周囲を見回します．そこで出会う人には，自らにっこりとほほえみ，声がともなうこともあります．

　差し出されたものを，目の輝きをもって生き生きと見つめ，ものを左右上下，さらに360度と動かすとしっかりとそれを追視します．この「ものを見る力」が，あおむけだけではなく，支え座りという乳児期後半で主導的となる姿勢（お座り）をとらせても，なお生き生きと発揮されるようになります．

　また，おむつ替えのときなどに，身体をよじったり，背中を反らせて頭上のものへ手を伸ばすなど寝返りの準備が見られます．あおむけの姿勢では，重力に抗した左右対称的な姿勢をとり，手と手，足と足を触れあわせるだけではなく，触れあわせた手を口に入れたり，眺めたり，手で膝を触るなど，左右対称をふまえた新たな発展への兆しが見られます．あおむけでは，手の指，特に親指と人さし指がハサミのように開いてものに接近・到達しはじめます．支え座りでは，差し出されたものに手を出してつかむことはできませんが，持ちたそうに腕や手を動かしたり，ものと自分の手を見比べたりするようになってきます．

　以上のように，生後4か月ごろ，「生後第1の新しい発達の力」が誕生すると，姿勢・運動面では，首がしっかりとすわることによって，これまでの平面的な世界から立体的な世界へと，とらえられる空間が広がってきます．また，その特徴は，外界のものを見ようとする力や見たものに向かう手や指の動き，さらに人に対して自ら微笑を向けていくなど，ものに対しても人に対しても積極性・能動性が増大していきます．

（3）乳児期後半へ向けての飛躍的移行

　生後4か月ごろに誕生した「生後第1の新しい発達の力」は，6，7か月には飛躍的移行を達成します．そこでは，次のような特徴が見られます（田中・田中，1981；田中，1985）．

　まず姿勢・運動面では，自らの力で寝返ることができます．それも，あおむけからうつぶせ，うつぶせからあおむけ，また，左回り，右回りどちらからもでき，お母さんの方へ近づこうとして寝返りをうったりします．寝返りができる以前には，あおむけでおもちゃを持って機嫌よく遊んでいたのに，おもちゃが手から落ちてしまうと，たとえ顔のすぐ横にあっても自分で取ることができずにぐずり出し，おとながおもちゃを拾ってあげると，また機嫌よく遊ぶということを繰り返します．それが，寝返りができるようになると，落ちたおもちゃを自分で取ろうとして寝返り，取れるとまた遊び続けます．さらに，うつぶせからあおむけの寝返りができるようになると，うつぶせでおもちゃを使って遊び，疲れたらまたあおむけに戻るということを自在に行えるようになり，そうやって少しの間一人で遊ぶこともできはじめます．そこへいたるまでには，あおむけで，手で足をつかんだり，つかんだ足を口へ入れたり，また手で足をつかんだまま左右に揺れたりと，身体の動きをさまざまに試して遊びます．また，うつぶせの姿勢で，腕を使って右へ左へと旋回することもできます．つまり，自分で自分の身体を探索・制御し，移動へ向けての準備を整えます．

　ものを見る力も，一つのものを見続ける追視だけではなく，二つのものを交互に見るという「可逆対追視」の特徴へと変化します．右，左，右と交互に見て，さらにそれを持っている人を見たりします．このように二つのものを交互に見るという特徴がみられるのは比較的短期間で，その時期をすぎると，あるいは同じ時期でも2回，3回と繰り返すと，積木に手を伸ばしてきたりします．

　目と手の協応が進むと，ものを持つ・つかむだけではなく，「持ち替え」が盛んになる「可逆対把握」がみられます．持ち替えの途中でものを口へ入れたり，相手を見たりもします．カラフルな広告チラシなど形状の変化するものや，鐘など触ると音がするものでは，持ち替えのたびに赤ちゃんがより生き生きと

表情を変化させるようすを見ることができるでしょう.

　また, 人との交流では6, 7か月ごろには, 親しい人と知らない人とを区別しはじめ, 同じ人でもマスクをしていたり束ねていた髪を下すなどの外見の違いを感じとり, 不思議そうに眺めたりします. 母親に抱っこされて初めての人に対面すると, その人をジーッと見て, クルッと背を向けたり, 抱っこされるのを嫌がるなど, 初期の人見知りがみられます.

　以上のように, 4か月に誕生した「生後第1の新しい発達の力」が6, 7か月ごろ, 乳児期後半の階層へと飛躍的な移行を達成するとき, それまでどちらかといえば見る対象であった「もの」や「手」は, 手でものをつかんだり, 持ち替えて遊んだりと, 新たな質をそなえ, それがものに向かって身体を旋回させたり, 親しい他者の方へ寝返りをうつところでも発揮され, 静的な世界から動的な世界へと足を踏み入れます.

2　発達診断の方法

(1)「生後第1の新しい発達の力」の誕生を確認するために

　前節で挙げた「生後第1の新しい発達の力」の特徴について, 以下のような発達検査の課題を通して確認します (田中・田中, 1981; 田中, 1985; 竹下, 1989).

1) 微笑 (人知りそめしほほえみ)

　これは課題の一番初めに実施します.

　赤ちゃんに支え座りの姿勢をとらせます. 支え座りとは, 検査者以外の人 (母親など) が赤ちゃんを膝の上に座らせ, 腰をしっかり支え, 赤ちゃんの背中と抱く人の胸や腹部を離すようにします. そのうえで, 検査者は赤ちゃんの正面から「○○ちゃん, こんにちは」などと言って注意を引き, 反応をみます. ここでは, 赤ちゃんが自分から相手を見つけ, 視線が合うと自らにっこりとほほえみかけてくるか, あやしかけに反射的に笑うのではなく, 赤ちゃん自らがほほえみかけてくるかを確認することが大切です. そのため, 検査者の呼びかけも静かに名前を呼ぶといった配慮が必要です.

① 対追視（右への一方視）

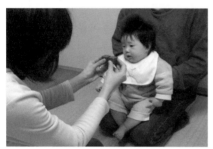

② 対追視（正面の積木を注視）

③ 対追視（左への一方視）

写真7　対追視

2）追視
【対追視】

　一辺2.5cmの積木を二つ用意します．「〇〇ちゃん，ほら積木だよ」などと言って，支え座りの赤ちゃんの正面・眼前約30cmのところで二つの積木を打ち合わせ注目させます．赤ちゃんが積木に注目することを確認できたら，積木を左右にゆっくりと約30cm開き，赤ちゃんの追視のようすを見ます．赤ちゃんは，まだ左右の積木を交互に見ることはせず，どちらか一方の積木を見るでしょう（**写真7－①～③**）．それを確認したら，「もう1回しようね，ほら見ててね」などと言いながら，積木を打ち合わせて注目させ，先ほどと同じように積木を左右に開き，どちらの積木を見るかを確認します．2回目も同じ方の積木を見た場合，今度は見なかった方の積木を先に開いて強調し，反応を見ます．それでもそちらを見ない場合には，次の試行で両方の積木を見なかった方へ動かします．最後に1回目と同じ手続きで実施します．

　ここでは，1回の試行に対して，左右の積木どちらか一方を追視すること，しかし，毎回決まった方向だけを見るのではなく，試行回数を重ねると左右どちらか，しかしどちらへも追視ができるかどうかを見ます．したがって，検査者はあえて片方を強調して開く試行以外は，左右の積木の開き方に差が出ないように注意する必要があります．

【往復追視：支え座り】

　この課題では，支え座りで主に左右，上下の追視ができるかを見ます．

　おもちゃのガラガラを用意します．支え座りの赤ちゃんの胸前・正面・中央25〜30cmのところで，検査者はガラガラを持って鳴らし，一度止めます．赤ちゃんがガラガラ

写真8　上方向に動く輪の追視

に注目したことを確認し，鳴らしながら左右どちらか一方へ50cm以上動かします．50cmを超えるところに達したら一度止め，次に正面へ鳴らしながら戻り，正面で一度止めます．次は，反対の方向へ同じように動かします．このような左右の往復追視を確認したら，次は上下（頭足）方向にも左右と同じように動かし，反応を見ます．

　ここでは，まずガラガラの提示に対して，赤ちゃんが「見つけた」という目の輝きや生き生きとした表情をみせるかどうかを見ます．また，追視の途中や折り返し点での途切れがないか，途切れたときには何を見ているか，途中で途切れてもその後とらえ直すことができるかなどに留意し，左右・上下の往復追視がみられるかを確認します．

【往復追視：あおむけ】

　この課題では，あおむけで左右，上下，さらに360度と3種類の追視ができるかを見ます（**写真8**）．

　直径約8cmの赤い輪に約30cmの紐をつけたもの，あるいは18cm幅のセロテープの芯に赤い布テープを巻きつけたものなどを用意します．

　あおむけになった赤ちゃんの胸上中央25〜30cmくらいのところへ輪を差し出し，次の3種類の追視の課題を行います．

　まず，左右の追視です．赤ちゃんが差し出した輪に注目したことを確認したら，左右どちらか一方，約50cmのところまで赤い輪を水平に動かし，続けて，そこから胸上中央へ戻ります．次にさっきとは反対方向へ同様に輪を水平移動

させ，胸上中央へ戻ります．

　次に，上下の追視です．赤い輪を赤ちゃんの胸上中央から頭の方向へ約50cm
移動させ，胸上中央へ戻ります．続けて追視が途切れないように，足の方向へ
約50cm移動させ，胸上中央へ戻ります．

　これらの左右，上下の往復追視が確認できたら，さらに続けて赤い輪を，胸
上中央から半径約50cmの円を描くように，右および左から360度移動させます．
左右どちらを先にしてもかまいませんが，右回り，左回りのいずれとも必ず実
施します．

　ここでは，支え座りでの往復追視と同様の事柄に注目・確認するとともに，
両者の応え方を比較します．あおむけで発揮された追視の力が支え座りでどの
程度発揮されたか，あるいは抑制されたかなどについて検討します．支え座り
はあおむけの姿勢よりも赤ちゃんにとって抵抗がある姿勢のため，見る力を支
える音の刺激が付加されています．それに対して，あおむけでは視覚のみへの
刺激であることなども考慮します．

　また，360度の追視については，輪の動きをどこまでなめらかに追視できる
か，たとえば180度までか，360度までかなどについて確認します．その際，輪
の動きに興味を示して見るか，逆回りの折り返し点で途切れないか，また，視
線だけではなく手足の動きがともなってくるかにも注目します．

3）おもちゃへのリーチング

　上述の追視課題に引き続いて行います．追視をした後のガラガラやつり輪を
赤ちゃんの前方中央で止め，「はい，どうぞ」などと言いながら，そのままし
ばらく鳴らし続けます（つり輪の場合は，軽く揺らします）．

　ガラガラやつり輪に対して，腕や手を伸ばしてこようとするか，腕を動かす
ことは難しくても指を動かすかなどを確認します．しばらく反応をみた後で，
手にそっと近づけ，おもちゃを持とうとするようすもみます．右手も左手も同
じように確かめます．手指をギュッと握り込んでいる場合は，指背に軽くおも
ちゃが触れるようにすると，スッと開いてきます．無理矢理持たせるのではな
く，できるだけ赤ちゃん自身が自分で持とうとすることを援助します．その後，
持ったおもちゃを振ったり，目で確かめたり，口に持っていこうとするようす
を確認します．

4）姿勢・支え寝返り

　赤ちゃんをオムツ一つにし，あおむけ，うつぶせの姿勢について自然な場面で観察します．あおむけでは，顔が正面をとらえ，手と手，足と足の触れあわせや手と膝の接触，手足の自発運動の活発さなどをみます．うつぶせでは，両肘を左右対称的に床につき，頭を上げて正面をとらえているか（肘支臥位）を見ます．

　それらを確認したら，支え寝返りをさせ，重力に抗して体位を正しい位置に保とうとする「立ち直り反応」のようすをみます．支え寝返りをみるための手続きは，あおむけの赤ちゃんの一方の腕を胴体と90度になるように開いて，その手とは反対の下肢をもって腹部につけるようにすることで，寝返らせます．その際，おもちゃを持ってあやす母親などを目標に，左回り，右回りどちらも行います．

　ここでは，腰が回転するのにともなって，肩を回し，首・頭が起き上がる立ち直り反応がみられるか，これらの反応に左右差がないかを確認します．

　以上の主に4つの課題を通して，対面する人に自ら積極的にほほえみかけること，支え寝返りの際には，頭や上半身に「立ち直り」反応がみられること，動くものを見る力は，左右・上下，さらに360°に拡大し，さらに見たものへ手を伸ばし，手にとるとそれを眺めたり，なめたりなどとつながりがあること，また，見る力はあおむけだけでなく，支え座りという次の乳児期後半における主導的な姿勢をあえて取らせることによっても発揮されることなどが「生後第1の新しい発達の力」の誕生の特徴として大切です．

（2）乳児期後半へ向けての飛躍的移行の特徴を確認するために

　「生後第1の新しい発達の力」は，生後6，7か月ごろ乳児期後半へ向けて飛躍的移行を遂げていきます．その飛躍的移行の達成の特徴を「生後第1の新しい発達の力」と関連づけて，以下の課題を実施して確認します（田中・田中，1981；田中，1985）.

1）自発的な寝返り・向き変え

　はじめに，あおむけでは，手足の触れあわせや手と膝の接触だけではなく，手で足をつかんだり，つかんだ足を口へ入れたりすることがみられるかを確認

します．うつぶせでは，腕を使って右へも左へも旋回するか，そのとき腕は正中線を越えるかどうかを見ます．これらのようすを確認したら，次の向き変え，寝返りについて観察します．

あおむけでは，手で足をつかんだ姿勢で左へも右へも向きを変えられるか，その際，正面を見ることを基本にした向き変えになっているかを見ます．また，あおむけからうつぶせへの寝返りができるか，寝返るとき下になった手を抜くことができるか，左回り，右回りどちらからもできるか，そしてここでも正面を見ることを基本にした寝返りになっているかを確認します．これらあおむけでの向き変えと寝返りが可能になることが姿勢・運動面での飛躍的移行を示す重要な特徴です．

2）対追視

実施の手続きは4か月の場合と同様に，積木を2個用意し，赤ちゃんの正面・眼前約30cmのところで打ち合わせ，赤ちゃんが積木に注目することを確認できたら，積木を左右にゆっくりと約30cm開きます．

4か月では，左右どちらかの一方視をどちらもするかどうかをみました．6，7か月では，二つの積木を，右，左，右（あるいは左，右，左）と見返るかどうか，また検査者へ視線を向けてくるかどうかも確認します．さらに，試行を重ねるうちに，積木に手を伸ばしてくるかも見ます．

3）ものの持ち替え

4か月のあおむけでの追視課題で用いた紐のついた赤い輪を使用します．検査者は支え座りにした赤ちゃんとの間に机を挟んで向かい合い，「ほら，ブラブラしようね」と言いながら，赤ちゃんの眼前30cm離れたところで紐を持って輪を振り，赤ちゃんが注目したら輪が左か右の遠地点に，紐の端が中央近地点にくるように提示します．

飛躍的移行期に見られる持ち替えは，両手で同時にものを把握することを基本に，左手へ持ち替えたり，右手へ持ち替えたりすることが特徴です．したがって，輪を引き寄せ，輪を持つと同時把握を媒介とした左右の持ち替えを行うかを観察します．なお，持ち替えのようすは積木や器，ガラガラ，鐘，または，アルミ箔などでも見ることができます．

4）人見知りの始まり

これは，最初に対面するところで確認します．母親に抱かれた赤ちゃんに，「抱っこしてあげよう」などと手を差し出すことを2，3度繰り返し，その反応を見ます．

ここでは，対面のときの表情や言葉かけを繰り返すことによる表情の変化，その際，はじめに相手を見て，はたらきかけられると背を向け，また正面を向いて相手を見るといった見返りをするかどうか，このような初期の人見知りの特徴が見られるかを確認します．

3　乳児期前半における保育・教育について考える

以上述べてきた「生後第1の新しい発達の力」の健やかな誕生とその飛躍的移行を成し遂げるための保育・教育の諸条件が明らかにされ，その内容が豊かに創造されることが求められます．ここでは，そのための手がかりについて考えたいと思います．

（1）姿勢を変換させる

乳児期前半では，あおむけやうつぶせの姿勢の安定的，自律的な発達を促すことが重要です．それは，お母さんに抱かれるだけではなく，重力に抗した姿勢，自発的な手足の運動を促進させる機会となります．左右対称の安定したあおむけの姿勢を基礎に，寝返りや向き変えが可能になるとともに，うつぶせは乳児期後半における四つばいへの準備にもつながります．そのような見通しをもって，首がすわりはじめた3か月ころからは，日中，機嫌のいいときにうつぶせ姿勢をとらせてあげましょう．ただ，乳児期前半の赤ちゃんにとってうつぶせはけっして楽な姿勢ではありません．うつぶせになったときに，おとなやきょうだい・友だちの顔が見えたり，おもちゃがあったりという「楽しい世界」をきちんとつくることが大切です．

また，4か月ごろから，あるいは体をよじったり，反らせたりしはじめたら，支え寝返りをしてあおむけからうつぶせへ姿勢を変換させたり，支え座りを導入して姿勢や視界などの変化を感受させてあげましょう．支え寝返りの際には，

寝返ることのみが目標になるのではなく，おもちゃを持って呼びかけるなど，目標をとらえた寝返りとなるよう心がけます．

とくに，目覚めのときに姿勢を変えることは，生活にメリハリをつけるうえでも大切な意味をもっています．「さあ，また楽しいことが始まるよ」という気持ちを込めて，身体と気持ちを起こしてあげたいものです．

（2）五感にはたらきかける

乳児期前半では，視覚をはじめ，聴覚，嗅覚さらに触覚，味覚などの感受性を増大させるような取り組みが重要です．回転したり，水平方向に動くおもちゃ，オルゴールメリーやモビールなど，見る世界を豊かにする環境づくりをしながら，動くものを見た後に他者といっしょにそれを手で触れるといったような関わりが重要です．

3か月ごろまでは，視野にあるものを見る，鳴らしてもらって音を楽しむ，ものを持たされて持つといった，やや受動的な外界の取り入れ方をします．それがより積極的になる乳児期後半の準備段階として，4か月以降には，赤ちゃんがはたらきかけると応答する関係（環境），特に「手を動かすと―音がする」というさまざまなおもちゃや設定を準備するとよいでしょう（田中・田中，1981）．その際，いきなり赤ちゃんの手に渡すのではなく，まず視覚でとらえさせ，赤ちゃんが手を伸ばしたくなって取るというように，赤ちゃん自身が目標をとらえ自発的活動へ導くことができるよう，次への期待がもてるようにはたらきかけること，そして赤ちゃんの力を引き出す静かなはたらきかけが大切です．

さらに，戸外に出て，風の動きや光のそよぎを感じ取ることも大切です．赤ちゃん自身が「あれ，何だろう」と外に気持ちを向けていくこと，風や光をいっしょに感じ取った大人から「ああ，気持ちいいね」とやさしく声をかけてもらうことで，言葉のない赤ちゃんとも共感しあうことができていくのではないでしょうか．

（3）正面から関わる

上述したオルゴールメリーやモビールといったおもちゃは，新しい発達の力

が誕生する舞台とも言える赤ちゃんの正面，正中線上に設置し，言葉かけも正面から行うことが大切です．乳児期前半の赤ちゃんを抱いて横から関わるお母さんにはあまり笑顔を見せてくれないのに，正面から関わるお父さんにはにっこりほほえむということが

写真9　腰をくすぐられてほほえむ

あります．正面からのはたらきかけが大切だと言われる理由の一つには，4か月前後から立体視が可能になること，それは正面でとくに焦点が合うと言われていることとも関係しています（山口，2003）．

　また，赤ちゃんにはそれぞれのリズムやテンポがあります．そのときの気分などによっても，ちょっと昂揚したり，静かだったりとリズムやテンポは変化しています．それを無視して，ひたすら声をかけたりはたらきかけたりしても，赤ちゃんにとっては心地いいはたらきかけにはならないことがあります．子どもの動きや表情を読み取りながら，「会話」を楽しむようなつもりでじっくりとはたらきかけたいものです．

（4）くすぐり遊び

　くすぐりは保育においても，家庭においてもよく目にする遊びですが，くすぐりは，いつから楽しい遊びとして成立するのでしょうか．生まれたばかりの赤ちゃんは，脇腹や腹部などをくすぐっても，いわゆるくすぐったがる反応は見られません．また，自らの身体をくすぐってもそれほどくすぐったさは感じられないでしょう．くすぐり遊びは「他者」とのやりとりが重要な要素となるようです．

　近年，このくすぐり遊びにおける「他者性」の認識や他者の「意図理解」が注目されています（根ケ山・山口，2005；石島・根ケ山，2013）．くすぐったがり反応の特徴は，笑いつつ身体をよじったり手足を遠ざけたりするなど，回避的要素と快反応を含む遊び的要素が含まれ，その反応に強弱があるようです．

根ヶ山・山口（2005）によれば，発達的に３，４か月ごろには，微笑や脚をばたつかせるなどの快反応が見られはじめ（前ページ，**写真９**），強いくすぐったがり反応は，７か月以降に体幹部で顕著になります．そのため，このころからくすぐる人を「他者」として理解しはじめるのではないかと言われています（根ヶ山・山口，2005）．また同時期に，お母さんが乳児の身体に触れる前の「くすぐりの焦らし」の段階でもくすぐったがり反応が見られるようになります．これは，乳児による萌芽的な意図の読み取りではないかという指摘もあります（石島・根ヶ山，2013）．

このようにくすぐりなどの日常的な身体接触的な遊びを通じて，乳児は他者の存在や意図について理解していくのでしょう．

（5）友だちやきょうだいに気づく

乳児期前半の子どもたちにとって，けっして「友だち」という意識ではありませんが，４か月を過ぎたころから，友だちが食べさせてもらっているのをジッと見つめたり，そこに手を伸ばそうとしたり，きょうだいの動きをずっと目で追ったりといった姿がみられるようになっていきます．大人が声をかけてもなかなか顔を上げないのに，友だちやきょうだいの声がする方に，いつの間にか顔を向けているということもあるでしょう．

もちろん，自分で移動することができないこの時期の赤ちゃんにとって，距離が離れすぎるとまったく無関心な存在になってしまうこともあるのですが，適度な距離の中にいる友だちやきょうだいにはグッと自分から気持ちを向けていくことも増えます．保育・教育では，こうした友だちとの距離や方向，視線の高さにも留意したいものです．

（6）保育事故をめぐって

子どもの生命と健康を守り，発達を保障することが保育の目標です．その保育施設で，近年，死亡保育事故が後を絶ちません．平沼（2016a）は，厚生労働省の「保育事故報告集計」をもとに，2004年から2012年の間に保育施設等で発生した死亡事故は174件あり，その７割の120件の死亡事故がベビーホテルなどの認可外施設で起こっていると指摘しています．

なかでも，乳児期前半に多発する乳幼児突然死症候群（SIDS）の危険因子の一つである「うつぶせ寝」について，次のような実証的なデータがあります（服部・平沼・田中，2016，平沼・服部・田中，2016）．生後19日〜5か月までの23名の乳児を対象に，うつ伏せ姿勢をとらせ，時間経過のなかで乳児の頭や手の動きがどのように変化するのかを実験的に検討したものです．その結果，どの乳児も数分後に顔が真下に向いて，鼻口部閉塞の状況になり，それを自ら回避することが難しいことが示されました．そして母親が危険と判断して実験を終了するまでの時間は3分48秒〜4分56秒とどの乳児も5分以内でした．

さらに，「生後第1の新しい発達の力」が誕生する時期である4〜5か月児は，頭を上下させて疲れてしまったり，シーツなどをかき寄せて鼻口部を塞いでしまう危険性が1〜2か月児よりも高いことも指摘されています（平沼，2016b）．

したがって，うつぶせ寝による死亡事故を防ぐためには，保育の午睡中に呼吸の確認をすること，その間隔は5分程度（東京都は5分）であることが重要であると考えられます．しかしながら，これらの安全対策を実質的に可能にするためには，「規制緩和」という名の下に進められた保育環境の悪化を改善することが不可欠です（平沼，2016a）．

以上，ここで挙げたことを手がかりに，乳児期前半の保育・教育がそれぞれの条件のもとで工夫され，多様に展開されることが望まれます．

文　献

Butterworth, G., & Harris, M.（1994）Principles of developmental psychology.（ジョージ・バターワース，マーガレット・ハリス著，村井潤一（監訳），小山正・神土陽子・松下淑（訳）（1997）発達心理学の基本を学ぶ．ミネルヴァ書房）

服部敬子・平沼博将・田中真介（2016）乳児期前半の「うつぶせ寝」における face down 回避行動と窒息の危険性（1）「うつぶせ寝実験動画」における頭部制御の発達に着目して．日本発達心理学会第27回大会発表論文集．

平沼博将・服部敬子・田中真介（2016）乳児期前半の「うつぶせ寝」における face down 回避行動と窒息の危険性（2）「うつぶせ寝実験動画」における手指機能の発達に着目して．日本発達心理学会第27回大会発表論文集．

平沼博将（2016a）「うつぶせ寝」の危険性と保育事故をなくす取り組み．平沼博将・繁松祐行・ラッコランド京橋園乳児死亡事故裁判を支援する会（編著）子どもの命を守るために．クリエイツかもがわ，pp.10-113.

平沼博将（2016b）なぜ保育事故はくり返されるのか．平沼博将・繁松祐行・ラッコランド京橋園乳児死亡事故裁判を支援する会（編著）子どもの命を守るために．クリエイツかもがわ，pp.58-71.

石島このみ・根ヶ山光一（2013）乳児と母親のくすぐり遊びにおける相互作用．発達心理学研究，24(3)，pp.326-336.

河合優年（2012）運動．高橋恵子・湯川良三・安藤寿康・秋山弘子（編）発達科学入門〔2〕胎児期〜児童期，pp.79-88，東京大学出版会.

川上文人（2009）自発的微笑の系統発生と個体発生．人間環境学研究，7(1)，pp.67-74.

Kawakami F., Tomonaga M. & Suzuki, J. (2017) The first smile: spontaneous smiles in newborn Japanese macaques (Macaca fuscata), Primates, 58 (1), pp.93-101. (https://langint.pri.kyoto-u.ac.jp/ai/ja/publication/FumitoKawakami/Kawakami2016-primates.html 2020年4月18日閲覧)

近藤好枝（2012）新生児．高橋恵子・湯川良三・安藤寿康・秋山弘子（編）発達科学入門〔2〕胎児期〜児童期，pp.21-35，東京大学出版会.

Meltzoff, A.N., & Moore, M.K. (1977) Imitation of facial and manual gestures by human neonates, Science, 198, 75-78.

明和政子（2006）心が芽生えるとき　コミュニケーションの誕生と進化．NTT出版.

根ヶ山光一・山口創（2005）母子におけるくすぐり遊びとくすぐったさの発達．小児保健研究，64 (3)，pp.451-460.

Rochat P. & Hespos, S.J. (1997) Differential Rooting Response by Neonates: Evidence for an Early Sense of Self. Early Development and Parenting, Vol. 6，105-112.

竹下秀子（1989）第1章 乳児期前期．荒木穂積・白石正久編，発達診断と障害児教育，pp.13-44，青木書店.

田中昌人（1985）乳児の発達診断入門．大月書店.

田中昌人（1987）人間発達の理論．青木書店.

田中昌人・田中杉恵（1981）子どもの発達と診断 1　乳児期前半．大月書店.

Vauclair, J. (2004) Development du jeune enfant: Motricite, perception, cognition. Paris: Berlin.（ジャック・ヴォークレール著，明和政子（監訳）鈴木光太郎（訳）（2012）乳幼児の発達――運動・知覚・認知．新曜社.

山口真美（2003）赤ちゃんは顔をよむ．紀伊国屋書店.

2章　乳児期後半の発達と発達診断

松田千都

　本章では，まず，保育園や家庭での生活のようすを通して，生後6，7か月ごろから1歳半ばごろまでの発達の特徴をとらえます．次に，幼児期を健やかに迎えるための基礎となる発達的力量を生後10か月ごろに診断する方法を示し，それらを踏まえて，乳児期後半の保育や教育のなかで大切にしたいことを検討していきます．

1　乳児期後半の発達的特徴

（1）生活

　夜間には10時間程度のまとまった睡眠をとり，昼間には午前1回，午後1回の午睡をとるという生活リズムが整っていきます．その過程で食事（授乳）の時間や間隔も定まっていきます．乳児期後半[1]は，生後5〜6か月ごろに開始された離乳を進め，12〜18か月ごろの離乳の完了に向かう時期にあたります．子どもの発育・発達の状況に応じて食品の量や種類・形態が調整され，離乳初期（5〜6か月ごろ）には1日1回，離乳中期（7〜8か月ごろ）には1日2回，離乳後期（9〜11か月ごろ）には1日3回の離乳食をとるようになります．その過程で9か月ごろからみられはじめる手づかみ食べは，「食べ物を触ったり，握ったりすることで，その固さや触感を体験し，食べ物への関心につながり，自らの意志で食べようとする行動につながる」とされ，「積極的にさせたい行動」として推奨されています（厚生労働省，2019）．乳児期後半は，心地よい生活リズムの中で，生きるために必要な食行動を自らとりはじめ，まわりの物や人に自分からはたらきかける姿が増えていく時期です．健康的な生活は，子どもが周りの世界に意欲的にはたらきかけるための重要な土台とな

ります.

（2）姿勢・運動面の発達を中心に

　乳児期後半には，移動運動の発達によって活動範囲が広がるとともに，物や人との関わりが広がっていくようすをみることができます.

　まず，臥位（あおむけ，うつぶせなどの寝ている姿勢）での移動運動の発達をみてみましょう. 寝返りは，子どもが自分で身体の位置を変えることの始まりです. 6～7か月ごろには，寝返りが左右どちらへも，また，あおむけからうつぶせへ，うつぶせからあおむけへ，のどちらもできるようになります. このころ，うつぶせでは，腹部を床につけて方向転換ができるようになりますが，玩具が正面に出されると前に進みたい気持ちが高まり，四肢を反らせた飛行機様の姿勢になったり，両手掌を床につき両腕を突っ張って後ずさりしたりすることがみられます.

【エピソード1（保育者による連絡帳の記述より）】

　今日は腹ばいで遊んでいる時に，りさちゃん（8か月）が私（保育者）を追って向かってくれて，ずりばいでひとつ，またひとつ，またひとつ…と向きを変えながら（お腹を軸にして左右に）進めたんですよ！ 「すご～い！！」って，思わず一緒にいたA先生と大声で言ったほどでしたよ. そして，私のそばへ来て（たどりつくと），手足をパタパタさせて"だっこして～"と言わんばかりにしていたりさちゃんだったんですよ. そうそう，お庭へも少し出ました. 土を手で触ってみて，感触も確かめていましたよ.

　うつぶせで過ごす時間が長くなり，手足を左右交互に動かして足指で床を蹴る動きが出てくると，【エピソード1】のように前進する姿がみられるようになります. 行きたいところに自分でたどりつけたうれしさや新しい世界を知る楽しさが，さらに移動への意欲を高めていきます. 歩行に至るまでのはいはいの発達には個人差がありますが，概ね，7～8か月ごろにはずりばい（四肢と腹部が接地），8～9か月ごろには四つばい（腹部を上げ両手と両膝・両足が接地），10～11か月ごろには高ばい（両手と両足が接地）という順序で発達し

① ずりばい　　　　② 四つばい　　　　③ 高ばい

写真1　はいはいの発達

(松田, 2019)

ていきます（**写真1−①，1−②，1−③**）.

　次のエピソードは，０歳児クラスでの遊びの場面です．保育室に，マットを重ねて高さ20cmほどのなだらかな山が作られています.

【エピソード2】

　山の向こうから，保育者が「おいで〜！」と声をかけました．はるまくん（１歳３か月）は歩いて山を越え，両手を広げて待っている保育者の胸に笑顔で飛び込んでいきます．ひろしくん（１歳０か月）は，歩いて山に近づき，山に両手をついて高ばい姿勢で上った後，再び立ち上がってトコトコと保育者のところに向かいました．少し離れたところで座ってそのようすを見ていたすずはちゃん（８か月）は，四つばいで山に近づき，山の上に両手をかけて膝立ちしましたが，そこで動きを止めてしまいました．保育者から「どうしたらいいかわからないかな？」と声をかけられると，保育者の顔を見ます．山から離れたりまた山に近づいたりしながら，マットの持ち手や重なり部分を手で探っています.

　歩ける子どもたちが山から離れた後，はいはいの子どもたちがゆったり遊べるようにと，保育者がすずはちゃん，みきちゃん（９か月），たくとくん（11か月）を山に誘いました．保育者に山の斜面につかまらせてもらい，「大丈夫，おいで！」と励まされて，３人とも四つばいでゆっくりと山を越えて行きました.

【エピソード2】の子どもたちは，ゆるやかな斜面のあるところでさまざまな移動運動を行っていますが，どの子どもも床の上で安定した座位をとることができています．7〜8か月以降には身体をねじって横や後ろの物が取れるほどに座位が安定していき，座位で遊ぶ時間も長くなっていきます．座位からうつぶせへの姿勢変換，少し遅れてうつぶせから座位への姿勢変換もできるようになります．座位の目の高さで目標をとらえ，うつぶせになって移動をし，目標に到達したらまた座位になって対象物を手指で操作するというように，座位が移動運動の区切りとなるようすもみられます．

8か月ごろには，臥位や座位の目の高さでは見えないところへの期待も生まれて，立位を志向しはじめます．机などに手をかけて立ち上がる姿がみられるようになり，9〜10か月ごろには立位での移動運動であるつたい歩きも始まります．歩行の開始時期は個人差が大きいものですが，概ね11か月ごろには床に両手をついて一人で立ち上がり，1歳をすぎるころには，2，3歩一人で歩くようになります．段差や勾配のある環境の中で，行動の目標をとらえながら姿勢変換を積極的に行い，臥位・座位・立位でのさまざまな身体の使い方を経験することは，これからの歩行を安定させ，関わる世界を飛躍的に広げることにつながっていきます．

（3）手指による物の操作の発達を中心に

座位が安定する乳児期後半には，姿勢を保持する役割から解放された両手の手指による対象操作が発達していきます．

手掌全体を用いた把握から指先を用いた把握へと，物の把握における巧緻性が高まります．煮豆のような小さい物を把握するとき，6か月ごろには熊手のように指を開きつつ上から接近してかき寄せます．徐々に第1，2指（親指，人さし指）を中心とした把握に変化していきます．8〜9か月ごろには第1指と第2指を伸ばして指の腹ではさむ（鋏状把握）ようになり，11か月〜1歳ごろには少し屈曲した第1指と第2指の指先でつまみ上げるピンチ把握（釘抜状把握）ができるようになります．

6〜7か月ごろには，つかんだ玩具を口に入れたり床に打ち付けたりして感覚的に確かめることが多くみられます．しだいに物の形や機能に応じた扱いが

増え，一方の手で玩具を支えながら他方の手で押す・引っ張る・つまむというように，両手の役割を分化させた操作をするようになっていきます．

　単一の物の操作だけではなく，複数の物を関係づける操作，物と人とを関係づける操作も発達していきます．6か月ごろには，目の前に二つの物が出されると何度も見比べ，一方を選んで把握することができます．もう一方の物をつかもうとすると，先につかんだ物は手から離れてしまいますが，複数の物に関心を向ける姿はこの時期からみられはじめます．6～7か月ごろには，単一の物の偶発的な操作を繰り返すことが多くみられます．しかし，8か月ごろからは，対象の永続性の理解も進み，ほしい物を手に入れるために覆いを取り除くなど，目的と手段が分化した操作が観察されるようになります．

　さらに，8～9か月以降には，出したり入れたりといった方向性のある操作が盛んになっていきます．

【エピソード3】

　0歳児保育室のベランダで保育者と子どもたちが遊んでいます．バスケットの中には動物の形の玩具がたくさん入っています．保育者が「ポイッ，ポイッ」と言いながらバスケットから玩具を床に出していき，全部出した後，今度は「ナイナイ，ナイナイ」と言いながらバスケットの中に戻していきました．それを見ていたさよちゃん（11か月）は，床の玩具を1つ取り，バスケットの中に入れて保育者の顔を見ました．保育者から「ナイナイしたね」と認められてにっこりしています．

　容器に物を入れて子どもの前に出すと，8～9か月ごろから，中の物に触れたり，その物を取り出したりする行動がみられはじめます．【エピソード3】のように，10～11か月ごろには容器に物を入れる行動がみられるようになります．自分の持っている物を外界のある特定の部位に方向づけて操作する行動は定位的操作と呼ばれます．定位的操作には，置く，入れる，渡す，積むなど，物と物，あるいは物と人とを関係づける行動が含まれます．乳児期後半の子どもの遊びには，定位的操作が生かされた場面をたくさん見ることができます．定位的操作は，生活の中でおとなに認められ意味を与えられることを通して言

語理解ともつながり，1歳以降の道具使用行動へと発展していきます．

（4）社会的相互作用とコミュニケーションの発達を中心に

　生後半年ごろには母音を中心とした喃語がみられ，7〜8か月ごろには，〔bababa〕，〔mamama〕のように子音と母音によって構成され複数音節からなる規準喃語（反復喃語）が盛んになります．0歳の終わりごろには，喃語に含まれる音をまるで会話のようにつなげるジャーゴン（jargon）がみられ，それと重なるように最初の有意味語である初語が出現します．

　このような音声面での発達と並行して，話し言葉のやりとりの基礎となる前言語的なコミュニケーション行動にも著しい発達がみられます．乳児期後半に入ってしばらくは，玩具などで遊んでいるとその操作に気持ちが向かい，他者に視線を向けることが少なくなる時期があります．しかし9か月ごろからは，物を操作するだけでなく，視線や行動において「自分—対象—他者」の三つを結ぶ三項関係の成立したやりとりがみられはじめます．

【エピソード4　（母親による連絡帳の記述より)】
　ゆみ（10か月）は，週末の間に"ちょうだい—どうぞ"のやりとりが上手になりました．母や姉が「ちょうだい」と手を出すと持っているおもちゃを渡してくれて，「ありがとう」と言われるとにっこりと顔を見てくれます．返してあげると，今度は「ちょうだい」と言われなくても差し出してくれました．何回もやりとりできて楽しかったです．

【エピソード5　（母親による連絡帳の記述より)】
　日曜日，母が台所にいるとリビングでゆみ（10か月）の泣き声．姉に事情を聞くと…「ゆみちゃんがお父ちゃんに何回も"おもちゃどうぞ"ってしてはるのに，お父ちゃん寝ててちょっとも"ありがとう"ってもらわはらへんし，悲しくならはったんや」とのこと．随分高度なことで泣けるようになってきました．

　他者が注意を向けている対象に自分も注意を向けたり，自分が注意を向けて

いる対象に他者の注意を向けさせたりすることによって，対象に対する注意を他者と共有することは共同注意と呼ばれます．三項関係のやりとりには共同注意の成立が関わっています．9か月〜1歳ごろには，他者によって指さされた対象を見る（指さし理解），他者に物を手渡す，持っている物を他者に見せる，他者の行動を模倣するなど，多様な共同注意行動が出現してきます．10か月以降には，子ども自身がやりとりを開始する場面が増え，【エピソード4】【エピソード5】のように，定位的操作を行う中で他者と心を通いあわせることを期待する姿もみられるようになっていきます．

【エピソード6　（母親による連絡帳の記述より）】

　ゆみ（9か月）はとっても大きい声が出るようになってきました．特に人を呼ぶ声が大きいです．片手を上げて「お〜！あ〜！」と呼んで，相手が振り向いてくれたらにっこり笑って，さらに手をぐーっとそちらに伸ばしています．自分が行きたい方や気持ちの向いている方に手を伸ばす姿は力強いなぁと思って見ています．お姉ちゃんのことが大好きなので，「おねー！」と呼んでいるような気がするときもあるのですよ！

【エピソード7】

　りんちゃん（1歳2か月）・お父さん・お母さんの3人で花火大会に行った時の出来事です．ベビーカーに乗っているりんちゃんの横に座ったお母さんが，「ほら見て！」と夜空に広がった花火を指さしました．りんちゃんは花火を見上げ，「おーっ！」と興奮しながらベビーカーを揺すっています．

　次の花火が上がったとき，今度はりんちゃんが「あーっ！」と叫び，右手を伸ばしてピンと花火を指さしました．お母さんが「きれいやなあ」と言うと，りんちゃんはにっこり笑って，お母さんの顔を振り返りました．

　9か月ころ，他者によって指さされた対象を見るという指さしの理解が始まるとともに，【エピソード6】のように，自分が気持ちを向けた方に手を伸ばす姿（手さし）がみられるようになります．1歳ごろには，【エピソード7】のように，発見したもの・伝えたいものなどを自ら指さすようになります．自

分から積極的に他者にはたらきかけて他者の注意を自分にひきつけるだけでなく，他者と視線を合わせることによって感情の共有を期待し，その喜びによってまたやりとりを続けようとする姿がみられるようになるのです．このような共同注意の成立は，子どもが他者を，自分と同じように意図をもつ主体であると理解しはじめたこと，また，自分を他者のまなざしを通して理解しはじめたことを示しており，以後の言語発達や社会的認知の発達にとって重要な意義をもつと考えられています．

（5）対人関係の発達を中心に

　生後半年頃には，よく知っている人と知らない人との間で異なる反応をみせるようになります．次のエピソードは，数日前から人見知りをするようになったりょうくん（8か月）の家を筆者が訪問し，発達検査をしている場面でのようすです．りょうくんは机をはさんで筆者と向き合い椅子に座っていますが，お父さんがぴったりくっついて，体に腕を回してくれています．

【エピソード8】
　りょうくん（8か月）は，提示された鐘を手に取り，口に入れて遊びはじめました．けれども，お父さんが写真を撮ろうと立ち上がってそばを離れると，みるみるうちに目に涙をため，「うわ～ん！」と号泣してしまいました．ところが，「はいはい，大丈夫」とお父さんが戻ってきて，再びしっかり体に腕を回してくれるとピタッと泣きやみ，新しく提示された積木をすぐに触りはじめました．りょうくんが右手の人差し指で積木をはじくのに合わせて，筆者が「コロン，コロコロ」と声をかけると，りょうくんは筆者の顔をうかがい"にやっ"と笑っています．

　見知らぬ他者に対して不安や恐れを示す人見知りは，8か月ごろから1歳ごろに多くみられ，子どもが特定の他者（主たる養育者など）との間に情緒的な絆としての愛着（attachment）を形成したことの表れとされています．この愛着とは，単に特定の他者との親密な結びつきを指すのではなく，【エピソード8】のように，子どもが不安や恐れを感じるような何らかの危機に出会った

とき，特定の他者と近接することを通してネガティブな感情を立て直そうとする欲求や行動を指すものです．保育場面では，保育者から少し離れた場所で遊んでいた子どもが，何か不安を感じたとき，保育者の膝にいったん戻ったり視線で保育者の存在を確認したりすることがあります．そうすることで安心が得られると，また自分の好きな遊びを続けるようすがみられるでしょう．このように，特定の他者が子どもの安全基地として機能するような安定した愛着が築かれることは，子どもが物や人に気持ちを寄せて自分から関わりをもつ世界を広げ，自我の育ちを準備することにつながります．

2　10か月児の発達診断

　ここまでは，乳児期後半の発達的な特徴を，姿勢・運動，手指による物の操作などの領域ごとに述べてきました．乳児期を対象とした発達心理学的な研究は1970年代以降盛んに行われ，発達の領域固有性や乳児の有能性が強調されるようになっています．発達診断においても保育・教育の実践においても，その知見に学ぶことが有効な場面があることは確かでしょう．しかし一方で，領域別や機能別の発達の特徴をとらえるだけでは説明できない発達的変化や，対応の難しさを感じる子どもの姿に出会うことがあります．この点について木下(2009)は，「機能同士がどのように連関しているのか（機能連関），さらにはそうした機能同士が結びついて構成されるシステムが，どのように新たなシステムへと変化するのか（発達連関）という，ダイナミックなプロセスとして発達をとらえていく必要がある」と述べ，「システム全体の変化をもたらす，システム内での原動力の生起を具体的にとらえ，それに作用する教育的働きかけとの関連性についても明らかにしていくことが課題となる」と指摘しています．

　本書が主に依拠している田中昌人の「可逆操作の高次化における階層─段階理論」では，相対的に独立してはいるけれどもゆるやかに連関しあっているものとして発達の領域がとらえられています．そして，生後第2の発達の階層にあたる乳児期後半の時期に，ゆるやかに対応する三つの発達段階が取り出されています．その第1の段階は7か月ごろ，第2の段階は9か月ごろ，第3の段階は11か月ごろに相当するとされています[2]．また，この理論の一つの特徴は，

発達の飛躍的な質的変化の解明が試みられていることにあります．各発達の階層の第2の段階から第3の段階への移行期に，次の発達の階層への飛躍的移行を達成するための新しい発達の原動力が発生するとみられています．乳児期後半の場合は，1歳半ばごろの飛躍的移行を達成する生後第2の新しい発達の原動力が10か月ごろに発生するとされます．さらに，第1の段階から第2の段階に向かうところでは（8か月ごろ），人格の発達的基礎の形成における重要な変化がみられるとされます．この変化は，新しい発達の原動力が発生してくる発達の母体を健やかにしていくいとなみとしてとらえられています．

　新しい発達の原動力の発生において困難さや未熟さが認められる場合には，飛躍的移行期に問題徴候が顕在化しやすいとされ，乳幼児健診と事後指導の整備が求められています．田中の理論に限らず，医学的立場と発達心理学的立場の両者から，生後10か月ごろは発達に難しさのある場合の早期発見・早期対応のために有効な時期として認識され，乳児期後期健診の実施時期としてふさわしいとされてきました（前川・小枝，2017など）．また，この時期に健診を行い，そこで育児指導をすることにより，保護者が幼児期への準備に対応して育児のしかたを変化させていくことを応援することにもなるという点で，子育て支援に関わる意義も強調されるようになっています（白石，2016など）．

　ここでは，この10か月ごろに焦点を合わせて発達の特徴をとらえたうえで，1歳半ばごろの飛躍的移行を達成する生後第2の新しい発達の原動力の発生を診断する方法を検討していきます．

（1）10か月ごろの発達的特徴

　10か月ごろの子どもが遊ぶときの中心的な姿勢は投足座位です．両手を頭より高く挙げたり上体をひねったりしても崩れることのない安定した座位で，両手による物の操作を持続的に行い，身体の正面で他者とのやりとりを行っていきます．座位と臥位，座位と立位との間の姿勢変換もスムーズに行われます．視覚によってほしい物や行きたいところをとらえると，頭を立てて目標を持続的に見つめながら四つばいで進んでいきます．途中に段差などの障害物があっても乗り越えようとします．つかまり立ちやつたい歩きなどの立位で活動する姿もみられるようになり，身体全体でまわりの環境を水平方向，垂直方向に探

索していきます．普段すごしている
部屋の中だけではなく廊下やベラン
ダにも出ていくなど，新しい世界に
積極的に向かい，活動範囲が広がり
ます．

　手指の操作においては，第1指と
第2指を中心とした操作が多くなり，
生活の中でその力が生かされていき
ます．把握した物を随意に手放せる
ようになり，容器から中身を次々に
取り出す遊びを楽しみます（写真
2）．また，容器に物を入れる，「ち

写真2
つかんだ物を手放すティッシュ出し

ょうだい」と差し出された手に物を渡すなどの，物と物，あるいは物と人とを
関係づける操作（定位的操作）ができはじめます．この時期にはまだそれらの
行動をすっきりと完了させることは難しく，容器の口に示した物をまた手元に
戻してしまったり，相手の手の上にのせて渡しかけた物を引っこめてしまった
りします．しかし，おとなの手助けも受けつつそれらの行動を成し遂げると，
自分のしたことを確認するように相手の顔に視線を向けることがみられます．

　目の前で他者がしている動作の模倣（即時模倣）も盛んになります．「いな
いいないばあ」，「おつむてんてん」などの遊びに含まれる動作や，「じょうず
じょうず」，「バイバイ」，「いただきます・ごちそうさま」など，日常的に使わ
れる動作のまねがみられます．また，ヘアブラシやペンのようにおとなが使っ
ているところをよく見る日用品については，物と物とを合わせる（頭に当てる，
紙に押し付けるなど）という形で扱い方をまねようとします．それがおとなか
ら認められると，もう一度やろうとしたり，さらに動作を大きくして繰り返し
たりします．しだいに，「～してね」といった言葉によってこれらの行動が誘
発されるようにもなっていきます．

　このように「自分―対象―他者」という三項関係の成立した状況において，
子どもが自分からやりとりを開始する場面が増えていくところ，他者の注意を
自分に引きつけるとともに感情の共有を期待して，その喜びを次の行動への意

欲につなげていくところに，10か月児の特徴がみられます．

　生活の中で自分に向けられた他者の意図や言葉の理解が始まっていることがうかがえます．おとなが"叱っているんだよ"というメッセージを表情や語調などで示しながら「だめ！」と叱ると，行動を中断するようになります．一方で，おとなの表情をうかがいつつ，叱られるようなことをわざと繰り返す姿がみられることもあります．このようなところにも，他者の反応を意図的に引き出そうとするようすをとらえることができます．言語表出の面では，規準喃語が多く発せられるようになり，他者の注意を引きつける発声が盛んになります．

（2）発達検査の手続きと観察点

　発達検査の実施にあたって，ここでは発達的抵抗を加えて発達の新しい質を診るという方式を取り入れます．田中（1987）によれば，発達的抵抗とは，新しい発達の原動力の生成をみるという目的のために加えられるものであり，子どもが当該の発達の階層の第2の発達段階の特徴を獲得していること，抵抗が次の階層において主機能の役割を果たす活動系に対する課題として系統的に与えられていることが必要であるとされています．よってここでは，直立二足歩行につながる力量の確認のために「斜面や段差」を，道具の使用につながる力量の確認のために10か月児が手指で操作可能な「物」を，話し言葉の獲得につながる力量の確認のために「話し言葉」を用いた課題を実施します．それを通して，子どもが10か月以前に獲得しているべき発達的力量を確認するとともに，1歳半ばの飛躍的移行に関与する新しい質がもたらされているかどうかの確認を行います．

1）発達的抵抗として「斜面や段差」を用いた課題

　ここでは主に，直立二足歩行の基礎となる移動行動のようすを観察します．

【手続き】

　①四つばいが十分にできる広さのある室内で，離れたところから名前を呼んだり玩具を提示したりして，はいはいによる移動を促します，②室内に，子どもがつかまり立ちをし，這い上がって遊べる程度の高さ（30cm程度）と広さをもった台を用意します．台の上に玩具などを置き，上って遊ぶように誘いかけます，③巧技台などを利用して，約30度の勾配の斜面を這い上がるように促し

ます.

【観察点】

まず，平面での基本的な姿勢と移動
行動について次の3点を確認します.

①安定した投足座位をとれるか，②
目標に向かって四つばいやつたい歩き
などで移動するか．目標に到達したら
投足座位になって遊ぶか．さらに次の
目標が示されると移動して到達するこ

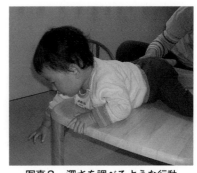

写真3　深さを調べるような行動

とができるか，③四つばいやつたい歩きにおいて，手足を左右差なく交互に進
めることができるか.

つぎに，新しい発達の質の芽生えとして以下の2点を確認します.

①斜面や段差などの抵抗があっても上記の特徴が発揮されるか．斜面や段差
に意欲的に向かう姿がみられるか，②高さのあるところから深さを調べるよう
な行動がみられるか（**写真3**）.

10か月児は，斜面や段差などの抵抗があっても移動行動への意欲を失わず，
移動の目標を持続的にとらえることができます．また，名前を呼ばれたことに
反応する，目標地点で玩具を手にしたときに検査者に視線を向けるというよう
に，移動行動の力量が他者との関わりの中で発揮されるかどうかにも注目しま
す.

2）発達的抵抗として「物」と「話し言葉」を用いた課題

机上で実施される発達検査課題は種々ありますが，ここでは積木を用いた課
題を取り上げ，「物」と「話し言葉」が発達的抵抗として加えられたときの10
か月児の特徴を確認する方法を示します．主に，手指操作の巧緻性，定位的操
作にみられる調整活動，「自分—対象—他者」の三項が結ばれたやりとりのよ
うすを観察します.

以下の課題では，椅子に座った子どもと検査者とが机をはさんで向かいあう
ことを基本とします．移動を制限されることによって，子どもは机上の刺激や
正面の検査者への注意を持続させやすくなります．しかし，人見知りのために
このような形式では実施が難しいこともあります．その場合は，養育者の膝の

上に子どもを座らせてもいいでしょう．いずれの場合も，子どもが検査者や養育者とどのような関係性を示すか，いったんネガティブな反応を示したとしても養育者を心の拠りどころとして課題に取り組むようすがみられるか，また，検査を行うなかで関わり方がどのように変化していくかということに注目します．さらに，自分の名前や自分への話しかけにどのように反応するか，言葉によって各種の行動を引き出せるか，養育者とは異なる相手と気持ちを通わせて物事を共有することができるかといった点も，全体を通して確認します．

a．積木の把握

【手続き】

子どもの名前を呼んで「積木で遊ぼうね」と話しかけます．2.5cm立方の赤い積木を1個遠地点に出し，机に軽く打ちつけます．子どもが積木を注視したら「どうぞ」と言って標準点に近づけます．子どもが積木を把握したら同様にもう1個提示します．

【観察点】

次の2点の確認を行います．

①安定した座位を保ちながら，提示された積木に一方ずつ手を伸ばし，両手に1個ずつ把握できるか，②第1指，第2指を主に用いて，積木を直交面または対向面で把握するか．

田中・田中（1982）は，乳児期後半の発達の高次化を，外界との間に手指を中心としてどのような結び目ができるかによってとらえました．第1の段階（7か月ごろ）は，提示された物を一方の手で把握すると他方の手で自分からもう一つを把握することは難しいというように，外界との結び目が一つであることが特徴とされます．第2の段階（9か月ごろ）になると，一方の手に物を把握したあと，他方の手にもう一つを把握して二つを打ち合わせるなど，外界と二つの結び目をもつという特徴が示されます．第3の段階（11か月ごろ）には，両手に二つの物を持ったうえで，三つめの対象をさがしたり注意を向けたりして，三つめの物を定位していくという特徴が示されます．したがって，ここでの積木への到達行動については，まず，外界と二つの結び目をもつという特徴が示されるかどうかを確認します．そして手指の操作が第1，2指を中心に手掌から分化して行われ，巧緻性を高めているようすを確認します．

b．積木の打ち合わせ

【手続き】

子どもが積木を持っているときに，積木を両手に1個ずつ持って「チョチチョチしようね」と話しかけ，「チョチ，チョチ」と言いながら打ち合わせます．子どもが打ち合わせたときは「じょうずね」と認め，さらに打ち合わせてもう一度するように促します．

写真4　積木の打ち合わせ

【観察点】

まず，積木の操作が基本的には左右ほぼ同じ水準で行われるか，両手に持った積木を正面で合わせる行動がみられるかを確認します．その後，以下のような視点で新しい質の芽生えを確認します．

①両手に持った積木をすり合わせる，一方の積木の上に他方をのせるように合わせるなど，二つの物の関係づけを探るようすがみられるか．その過程で相手にも視線を向けるか，②検査者が打ち合わせるのを見て，模倣して自分も打ち合わせようとするか，③打ち合わせたことが認められると，検査者を見てほほえむなどの気持ちのやりとりがみられるか．認められたことを受けてさらに打ち合わせようとするか（**写真4**）．

二つの物を両手に把握した状態で第3の物に注意を向けつつ「合わせる」という定位的操作を行うようすを確認します．身体の正面で二つの同じ物の調整を行うと同時に，検査者との間で気持ちの調整をしていくようすを観察します．

10か月ごろには，眼前の他者によって示されるモデルをその場でまねるという即時模倣ができるようになっています．この模倣は，子どもが検査者の行動に注目して意図をとらえ，子ども自身も意図をもって検査者にはたらきかけることによって成り立つものととらえられます．検査場面では，向かいあう相手が養育者以外の人であっても模倣の事象を共有できるという，話し言葉による交流の普遍的な成立とつながる新しい質を確認します．

さらにここでは，他者から認められたときの子どもの反応の変化を重視しま

す．他者からほめられて喜びを示し，ほめられた行動をいっそう積極的に行うということは，模倣行動の意図性の高さを示すものであり，子どもが「活動の結果を相手の評価を介して，自らの内面で受けとめられる」（白石，1989）ということ，さらに，自分の感情を相手に伝え返すことができるということを示しているととらえられます．そのような視点から，自分と他者との間での意図の調整につながる力量の確認を行います．

c．積木とコップ

【手続き】

　子どもが積木を持っているときに，口径8cmほどの柄付きコップを標準点に提示し，「積木をここへナイナイしてね」と話しかけます．自発的に入れない場合は積木を入れてみせます．

【観察点】

　まず，新しく提示されたコップにも注意を向けるかどうかを確認します．そして，新しい質の芽生えとして，身体の正面で異なる2つの物の関係づけを行うと同時に，検査者との間で気持ちの調整をしていくようすを確認します．

　①積木をコップに入れようとするか．検査者からの促しによって行動に変化がみられるか，②積木をコップに入れようとする過程で，物と検査者との間で視線を交替させる，積木を入れたときに検査者に視線を向けるなど，物への関わりと人への関わりとを統合させ，気持ちのやりとりをするようすがみられるか．

　8〜9か月ごろには，コップから中身を取り出す操作ができるようになっています．10か月ごろには出すことから入れることへの転換が始まり，手に持った積木をコップの口まで近づけるけれども手放すことができない，積木を手に持ったままコップの中に差し入れるけれどもまた取り出してしまう，といった行動が特徴的にみられます（**写真5**）．ここでみられるのは「入れる」という一種の定位的操作です．コップと中身という2種類の物を方向性をもって取り扱うようすから，物を道具として使用する前段階の力量を確認します．また，その過程で「自分―対象―他者」の三項関係の成立したやりとりが行われるかどうかに注目します．コップに入れることがみられなくても，コップの中から積木を取り出して打ち合わせる，取り出した積木とコップの中とを見比べるな

写真5　積木とコップ

写真6　積木の手渡し

ど，「入れる」ことへ転換する前段階の「出す」ことの量的増大や質的高まり
があるかどうかを確認します．「ナイナイしてね」という言葉への反応をみる
ことによって，話し言葉の調整機能の確認も行います．

d．積木の手渡し

【手続き】

　子どもが積木を持っているときに，「○○ちゃん，ちょうだい」と話しかけ
ながら手掌を上に向けて両手を標準点に出します．積木を渡そうとしない場合
は，標準点に出した手を打ち合わせて注意を促し，再度要求します．

【観察点】

　まず，「ちょうだい」と出された手や話しかけている検査者に注意を向ける
かどうかを確認します．そのうえで，新しい質の芽生えとして，子どもが正面
の相手と物を介して関係を結び，気持ちの調整をしていくようすを確認します．

　①積木を検査者の手に置いて渡そうとするか．検査者からの促しによって行
動が変化するか，②積木を渡そうとする過程で，手の積木と検査者との間で視
線を交替させる，渡したときに検査者に視線を向けるなど，ものへの関わりと
人への関わりとを統合させ，気持ちのやりとりと調整をするようすがみられる
か（**写真6**）．

　10か月ごろには，他者からの要求に応じて物を手渡すことがみられはじめ
ます．しかし，検査者の手の上に積木を持っていくけれども手放すことなく引
き戻してしまったり，検査者の手を積木で叩いたりする姿が特徴的にみられる
時期です．ここでは，完全に渡すことはできなくても，子どもが検査者との間

で物に対する注意を共有し，気持ちのやりとりを行うかどうかに注目します．これまでの課題と同様に，話し言葉の調整機能や，他者から認められたときの反応についても確認を行います．

3　乳児期後半の保育の中で大切にしたいこと

（1）1日24時間を視野に入れて生活を支える

　2015年度に子ども・子育て支援新制度が施行されて以来，乳児の保育の場は保育所の他，認定こども園，小規模保育事業，家庭的保育事業等にも広がっています．また，発達に難しさのある子どもが通う場として児童発達支援事業等も数多くつくられてきました．このような保育施設（ここでは「保育園」と総称して記載）に通う子どもが健やかに育つためには，家庭と保育園の両方が安心できる心地よい生活の場となることが大切です．

　乳児期後半には，母親から受け継いだ免疫が減少する一方で子ども自身がつくる免疫が不十分な状態であるために，感染症にかかりやすいという特徴があります．この時期に入園を迎える子どもがいること，家庭の生活が多様化し保育園で長時間過ごす子どもが増えていることにも留意し，1日24時間の生活を視野に入れた保育ができるよう，家庭と保育園が情報を伝えあうことが不可欠です．一定のデイリープログラムに子どもを合わせるのではなく，子どもの体調や睡眠・食事のとり方などの変化に対応しながら，望ましい生活リズムが子どもの中で徐々に整っていくようにします．そうして，目覚めている時間に生き生きと活動できる状態をつくることが，身体や手指を使って積極的に周りの世界にはたらきかけるようになる乳児期後半の子どもの発達を下支えするものとなります．そのうえで，たとえば食事場面であれば，自ら期待をもってその場に向かえるような配慮，手づかみをして自分で食べられるような工夫などによって，他者とともに生活する主体としての基礎をつくることに留意します．

（2）自分から関わりたくなる魅力的な環境をつくる

　移動運動の発達によって活動範囲が広がるため，子どもの動きを想定した安全面での対策が必要になります．そのうえで，這うとき，座るとき，立つとき，

姿勢を変えるときのそれぞれの目線から，自分で関心のあるものを見つけ，行ってみたい，もっと見たい・触りたいといった気持ちが誘い出されるような環境を構成します．巧技台やマットなどによる斜面や段差，奥行きがあって入り込めるトンネルなど，子どもが楽しみながら，目標をとらえてさまざまに姿勢を変えて動ける環境をつくること，また，子どもの発達や興味・関心に応じて変化を加えられる応答的な環境をつくることが望まれます．

　保育中の活動に積極的に参加する子どもも，そうでない子どももいるでしょう．子どもの視線，表情，動きなどから気持ちを読みとり，取り組みやすい状況を物的側面（子どもが目で見てわかりやすいことなど）と人的側面（不安や戸惑いを保育者に支えてもらうことなど）の両面から整えていくことが大切です．子どもの気持ちの流れをとらえて，活動した結果が保育者や友だちとつながるように配慮し，物や人にはたらきかける喜びを感じられるようにしていきます．

　屋外での活動範囲が広がるのは歩行開始後になりますが，はいはいやつたい歩きでも園庭に出て遊べるようにしたり，バギーで散歩に出かけたりすることによって，五感で周りの世界を豊かにとらえる機会をつくることも大切です．生き物や季節の草花に触れて，新鮮な出会いに心を揺らし，指さしや発声で他者に思いを伝えたくなるような経験ができるようにしていきたいものです．

（3）物の操作とやりとりをつなげる

　手掌全体による操作から指を使った操作へと発達が進むなかで，物の形や機能に応じた多様な扱い方ができるようになっていきます．手指を使ってはたらきかけることによって何かが起こるおもしろさを味わえるような玩具を，手指操作や認知の発達に応じて用意したい時期です．両手を使うことが自然に促されるようなもの，「○○したら△△が起こる」という因果関係のつながりがわかりやすいもの，入れる・合わせるといった定位的操作を生かせるもの，操作完了の区切りがわかりやすいものなどを工夫できるとよいでしょう．

　そのような遊びの中では，「おもしろいね」と子どもの気持ちを表現する言葉や，「〜したね」と子どもの行動を認めたり意味づけたりする言葉を添えていくことを心がけます．それは，同じ物に気持ちを向けている他者がいること

に子どもが気づき，自分がおもしろいと感じている物について他者も同じように感じていると実感できる場面をつくることを意味しています．物を媒介としたやりとりの中で自分の意図や他者の意図に気づき，楽しい気持ちやうれしい気持ちが共感的に受けとめられる経験を重ねることを大切にしたい時期です．

（4）子どもの「安全基地」になる

　乳児期後半には，人見知り，場所見知り，後追いといった行動で，子どもがなじみのない物事に不安を示す姿がしばしばみられます．そのような不安と表裏一体の関係で，周りの物や人に関心をもち，関わりたいと願う心のはたらきが育っていることを心に留めておく必要があります．特に新入園の子どもがいるときには，保護者と子どもの心の安定が早く得られるように，子どもの姿の発達的な背景を保護者とも共有していくことが大切です．

　特定の他者としての「大好きな先生」が，子どもに不安が生じたときにいつでも安全基地として機能できるように，職員間の連携によってゆとりをもって位置づけられることが求められます．保育者が主に担当する子どもを決めて関わる「担当制」を取り入れることも一つの方法です．

　また，特定の保育者にこだわって離れられない子ども，反対に，物に気持ちが向きがちで人とのやりとりが成立しにくい子どもについても，０歳児クラスの保育実践を通して手立てが検討されてきています（松本・第一そだち保育園，2011など）．状況に応じて子どもとの距離のとり方や関わり方を意識的に変えながら，子どもの気持ちに寄り添い，不安な状況をいっしょに乗り越える経験を重ねることによって，子どもが人に支えられることの心地よさを感じられるようにしていくことの意義が示されています．

（5）子どもたちのやりたいことの重なりをさぐる

　心の拠りどころとなる「大好きな先生」との関係が築かれると，保育者が使っている物やしていることへの関心が高まります．保育者が友だちと楽しそうに遊んでいるのを見て自ら近づき，"自分もやってみたい"という気持ちを視線や行動で示す姿がみられるようにもなります．

　保育所保育指針や幼保連携型認定こども園教育・保育要領においては，乳児

を主体として，一人ひとりの生理的欲求や興味・関心を生活や遊びの中で的確にとらえ，共感的に受けとめて応答的な関わりをすることの重要性が強調されています．それと並行して，それぞれの子どものやりたいことに重なりが生まれるような保育内容を工夫し，同じ場所・同じ雰囲気のなかで，"友だちといっしょに遊んでみたらとても楽しかった"と感じられる場面をつくることも大切にしたいと思います．この時期に成立する「自分─対象─他者」という三項関係のやりとりにおいて，「他者」がおとなだけではなく友だちにもなりうることは，保育場面の特徴の一つと言えるでしょう．いろいろな他者と何かを共有することの喜びを感じられる時間を，乳児期後半の保育の中でもつくっていきたいものです．

　保育園では，おとなと子どもの一対一の関わりとは異なり，玩具の取りあいや保育者の膝の取りあいのように，泣いたり怒ったりという感情の起伏をともなう出来事が起こります．その中で，子どもが自分と同じように意図をもつ主体としての友だちを意識することもあるでしょう．そのような経験も子どもにとって発達的に意味あるものとなるように，一人ひとりの子どもの思いを共感的に受けとめながら，心地よいつながりをつくっていくことを大切にしたいと思います．

注
1）通常の場合にそれぞれの発達的特徴がみられる月齢の表記は，主に，新版K式発達検査研究会（2008）による，新版K式発達検査2001標準化資料の検査項目別通過年齢（50％，75％）を参考にしています．
2）各段階の発達の特徴の詳細については，田中・田中（1982）や田中（1985）などを参照してください．

文　献
遠藤利彦（2017）赤ちゃんの発達とアタッチメント──乳児保育で大切にしたいこと．ひとなる書房．
木下孝司（2009）子どもの発達をめぐる最近の研究動向──認知発達研究に潜む問題点と教育実践．障害者問題研究，37(2)，pp.135-141.
木下孝司（2016）「1歳半の節」に関する発達心理学的検討──1歳児における自我形成を考えるための理論的視座．障害者問題研究，44(2)，pp.90-97.
厚生労働省（2019）授乳・離乳の支援ガイド（2019年改訂版）.

前川喜平・小枝達也（2017）写真でみる乳幼児健診の神経学的チェック法　改訂9版. 南山堂.

松田千都（2019）0歳児. 心理科学研究会編, 新・育ちあう乳幼児心理学——保育実践とともに未来へ, 有斐閣, pp.76－101.

松本博雄・第一そだち保育園編著（2011）子どもとつくる0歳児保育——心も体も気持ちいい. ひとなる書房.

ミネルヴァ書房編集部編（2018）〈平成30年施行〉保育所保育指針　幼稚園教育要領　幼保連携型認定こども園教育・保育要領　解説とポイント. ミネルヴァ書房.

新版K式発達検査研究会編（2008）新版K式発達検査法2001年版——標準化資料と実施法. ナカニシヤ出版.

白石恵理子（2016）「1歳半の節」と発達保障. 障害者問題研究, 44(2), pp.82－89.

白石正久（1989）乳児期後半. 荒木穂積・白石正久編, 発達診断と障害児教育, 青木書店, pp.45－84.

竹下秀子（2001）赤ちゃんの手とまなざし——ことばを生みだす進化の道すじ. 岩波書店.

田中昌人（1985）乳児の発達診断入門. 大月書店.

田中昌人（1987）人間発達の理論. 青木書店.

田中昌人・田中杉恵（1982）子どもの発達と診断2　乳児期後半. 大月書店.

3章　1歳半の質的転換期の発達と発達診断

西川由紀子

1　生活場面における1歳半の質的転換期

　「赤ちゃん」と呼ばれていた子どもたちは，1歳半を迎えるころ，自分の意図をもち，それを表現できる存在となってゆきます．たとえば，「おいで！」と差し出された両手を見て，首を左右に振り，"おばちゃんのだっこはいやだ．お母さんがいい！"という自己主張をするようになるのです．田中昌人は，1歳前半の子どもの活動を「…ダ」，1歳半の節を越えた子どもの活動を「…デハナイ…ダ」という特徴でとらえ，それを「1次元可逆操作」の獲得としています．「1次元可逆操作」とは，たとえば，積木を一つ1次元的にのせたらそれで終わり，くずしていたのが，積んだことが源泉になってまた積むことを繰り返し行い，倒れたことさえもさらに注意深く積むことへの源泉になるというように，1次元の量的継起性の中に，こまかい調整が行われて，行動や操作の面での方向転換ができるようになることを示しています（田中・田中，1982，111）．この1歳前半の「…ダ」と1歳後半の「…デハナイ…ダ」という特徴を，ここでは生活場面における意図の伝達に見られる変化と，調整活動の変化，「間」を共有する力の発達から見ていきます．

（1）意図の伝達にみられる変化

1）1歳前半の子どもたち

　子どもたちは，1歳の誕生日を迎えるころから，泣く，笑うといった感情表現に加えて，自分の意図を表現することができるようになります．棚の上に置かれたぬいぐるみのおもちゃの箱を指さして取ってほしそうに「ン，ン」と発

声している子どもに，箱の中から一つを出して「これ？」と尋ねると，首を左右に振ります．別のぬいぐるみを見せて何度繰り返しても受け取ってくれないので，抱き上げて自分で箱から選んでもらいました．「ソレハチガウ」という自分の意図を表現している場面でした．

この時期の子どものようすを保育園の生活場面における仲間や保育者とのやり取り場面から紹介したいと思います．

5月生まれのKちゃん，Yくん，Eくんの3人は9月に1歳4か月となり，1回寝（昼寝1回）の生活をしています．

食事の場面です．ごはんとおかずを食べさせてもらっていたYくん．途中で保育者の後ろにあるカウンターを指さします．おつゆを出してほしいという要求の指さしです．その指さしに振り返り，保育者が「おつゆがほしいんやね」と言葉を添えてお椀を差し出し，コミュニケーションが成立します．指さしは意図を示す重要な道具です．

昼食後の遊びの場面です．保育者に『おふねはぎっちらこ』の歌を歌ってもらって，Kちゃんは立ったまま，ニコニコ顔で両足を屈伸し，おしりを上下させています．歌を聞きつけてやってきたEくんは，先生に手を差し出して二人で『おふねはぎっちらこ』を始めます．そこにYくんがやってきたのを見つけたEくん，先生の手を離し，Yくんに手を差し出します．ところがYくん，嫌というように手を振り払います．それを見ていたKちゃんは，Eくんに手を差し出して，二人で「ぎっちらこ」を始めます．先生を核にして楽しく遊んでいる場面で，友だちのようすもちゃんと見て，自己主張したり「友だち大好き」の気持ちを発揮したり，1歳前半児なりに友だち関係を楽しんでいる姿です．

どの場面でも，言葉での意図の伝達はほとんどない状況ではありつつ，それぞれの子どもの中に，先生に伝えたい思い，友だちに届けたい思いなど，自分の思いがあり，その思いを指さしやまなざし，行動でストレートに表現している1歳前半の子どもたちです．

意図がはっきりもてるだけに，今までにはなかった悲しい思いや悔しい思いを感じることも，この時期の特徴です．他者の意図がわかるために，やさしい振る舞いができることもありますが，時にはやきもちをやいて，おとなにほめてもらっている友だちを叩きに行ってしまうというようなことも起こります．

子ども自身からの発語はなくとも，おとなの振る舞い，友だちの振る舞いから，相手の意図を察して，行動するのです。

　自分の意図が相手にうまく伝わらないことが多いことも，この時期の特徴です。1歳児クラスのおやつの時間のことでした。その日のおやつは直径8㎝くらいのせんべいを半分にして食べることになっていました。次々手渡される半分のせんべいを手にしている子どもたちの中で，一人がせんべいを受け取ったとたん，怒って泣き出しました。周囲のおとなたちが首をかしげながら本人の気持ちを推察して，「ひょっとしたら半分がいやだったの？」と，まん丸のせんべいを手渡すと，すっと泣き声がやみました。泣き疲れてか，一口だけかじると，もう満足したようすで，おやつの時間は終わりました。

　木下（2008，p.55）は，こうした1歳前半児の自他関係を，自分なりの目標とそこへ至る手順を自らの内面で定めて行動するようになりつつも，一方，その自分の意図が，他者の意図と分離したものであることが十分理解できないために，意図の伝わらなさにかんしゃくを起こすのだと解説しています。この時期の「だだこね」や，保育のなかで起こる「かみつき」や「ひっかき」も，自分の意図がしっかりあるのに，それを伝える言葉をもたないために意図が十分伝わらないという，この時期特有のイライラと関連しているのでしょう。

2）1歳後半の子どもたち

　12月。1歳7か月になった3人の生活です。

　朝の集まりの場面です。大きな変化は子どもたちがしゃべりはじめたことです。「Kちゃん！」「Yくん！」と名前を呼ばれると，「ハーイ！」と手を挙げます。ところがEくんは，この返事が苦手で，毎朝返事をしません。それを見越して，Eくんの順番が来そうになると，席を立ってEくんの横でスタンバイし，「Eくん！」と名前を呼ばれるやいなや，Eくんの腕を引っ張り上げたのはYくんでした。腕を挙げてもらってEくんはニッコリ笑いました。

　おやつは，蒸し芋でした。しっかり蒸し芋をにぎっておいしく食べる子どもたちです。いち早く食べ終わったEくん。「イモ！」とおかわりを要求します。Yくんは「アチャ（お茶）」と飲み物を要求します。そのあと「ワワリー（おかわり）」とお芋ももらいました。食事場面にこんな言葉がたくさん飛び交います。そのつど保育者が，「○○ほしいんやな」と受けとめています。思いを

言葉で表現できる楽しさがあふれていました．

　このように言葉が使えることの便利さが，生活の随所に見受けられるようになり，一人ひとりの意図が明確に表現できるようになりました．それは他者を理解することにもつながり，名前呼びのエピソードのように，「○○ちゃんは，いつも××だから」と，先を見通した行動にもつながっていきます．

　お散歩に出かけようと，コートを着て準備をする場面でのことです．Ｔくんは気が乗らないようすで，準備をせずに大型遊具のところでぼんやり座っています．「Ｔくん，お散歩行くよ」という保育者の声かけに反応したのは，Ｔくんではなく，Ｋちゃんでした．Ｔくんのそばに寄り，手を差し出し，顔をのぞき込み，言葉はないものの誘いかけています．それを見たＹくんがいっしょに促そうとすると，ＫちゃんはＹくんを押し返し，にらみつけます．保育者が「"私がするからいいよ"やな」と代弁してくれて，一件落着となりました．

　２月．１歳９か月になった子どもたちは，お互いの名前を呼びあうようになっていました．先生のことも，友だちのことも名前を呼んでいます．持ち物についても，エプロンを配ったり，まちがえて配る友だちをとがめて「Ｓちゃんの」と指摘したりします．絵本を読んでもらうときには，絵本に合わせて，みんなで「ポッポー」「バイバーイ」などと，言葉で響きあって楽しみます．Ｋちゃんがりんごの描かれた積木を持ってきたので，「おいしい」と絵を指でつまむふりをして食べるふりをした後，同じくつまんだふりをしてＫちゃんの口元に差し出すと，ちゃんと食べるふりをしてくれました．おとなの意図を理解し，共有している姿です．

　友だちと暮らすなかで学んだ大切なルールに，自分がほしいものがあっても勝手に取らずに「かわって」「かして」と言うことがありました．ところがまだそれがうまく機能していない場面もいっぱいあります．隣の部屋との境の柵に，足をかけて乗り，隣のクラスのようすをＥくんとＴくんが見ています．そこにＹくんがやってきて「カーワッテ」と言いながら，Ｅくんのほっぺたを噛んでしまいました．せっかく言葉を獲得したのですが，その自分の思いを相手に受けとめてもらえるように努力したり，相手が反応する間をおいたりすることはまだ難しく，言葉と同時に手で押しのけ噛んでしまったＹくんでした．その後，先生が「Ｅくん，アイタタなったし見に行こう」と手を引いて連れて行

き，Eくんの傷を見せます．Yくんはそっとその赤くなったところを触って「イタイ」と言い，反省しているようすです．傷口は深くなく，相手を威嚇するためにちょっと噛んでみたことがわかる跡でした．きつく噛んでいた1歳半ばごろとは少し違って，自分が言葉で表現している要求をはっきり相手に伝えるための補強手段のようでした．

木下（2008, pp.56−59）は，この時期の子どもが，以前のように他者に同調してうなずいてしまったりすることなく，自分の意図を伝えたり，相手の意図を確かめるように顔をのぞき込んだりする例を挙げながら，自己と他者は異なった意図をもった独立した行為主体であることが認識され，他者を気づかったり，自己を対象化したりすることができると述べています．12月のエピソードは，Tくんに出かける気持ちになってもらおうとするやさしい気づかいと，自分が一人でTくんを誘うのだという自己主張です．2月のエピソードは，友だちが楽しんでいるように，今度は自分がその場所にいたいという，友だちを意識しての場所取りの自己主張です．

自分なりの意図があり，それを理解してもらいたい気持ちがいっぱいあるのに，それを伝える手段としての言葉をもたない1歳前半の子どもたちが，「…ダ」と直線的に自分の気持ちを主張していたのに比べて，1歳後半の子どもたちは，言葉の世界に入るにつれて，さまざまな変化を見せるようになります．名前を呼びあうことで，相手の個別性が浮き上がり，「自分」の意図がいっそう明確になります．そのなかで，たとえば「カーワッテ」と宣言するなど，「…したい」という目的をもって行動するようになります．また，イメージをもって絵本を楽しんだり，「おいしい」と食べるふりをするなど，つもりの世界を友だちと共有することが可能になり，頭の中で思い描くことができる力が見られはじめます．こうして，相手の意図を自分なりに理解したうえで，「…デハナイ…ダ」と自分の明確な意図を主張している1歳後半の子どもたちです．

（2）調整活動の発達

このように自我を誕生させた子どもたちは，全身運動でも，机上の課題でも，「…デハナイ…ダ」というバランスと調整が基本特徴となった活動を展開するようになります（田中・田中，1984）．

描画の場面でのことです．発達年齢が1歳前半のAちゃんは，意欲的に描画に取り組もうと，赤鉛筆を手にして描き始めました．ところが，あいにくしっかり握られた鉛筆の削られていない方が紙の側にきてしまいました．Aちゃんは，一所懸命鉛筆を紙に押しつけますが，描線は描けません．それでもいっそう力を込めてがんばるAちゃんでした．

　「…デハナイ…ダ」という，活動の切り返しをする力はまだ難しいようです．「赤鉛筆を持って描こうとして力を入れてみた．でも，いつものように描けない．おかしいなと思って，自分の鉛筆を見直し，別の側を下にして描いてみる」というように，立ち止まって考える力が，1歳半ばに獲得される大切な力の一つです．この力を獲得すると，角度を工夫しながらパズルをはめたり，小さな穴に石を落としたり，調整をしながら活動を楽しむ姿がいろいろな場面で見られるようになります．

　あっちにもこっちにも気持ちを配分するという力も，大事な力です．1歳半ばのKちゃん．お母さんがお茶を入れてくれました．お母さんと私には背の高いガラスのコップ，Kちゃんにはいつもの小さいコップが渡されました．そのとき，Kちゃんは私のコップからお茶を飲もうとしました．お母さんが「それはお客さんの，お母さんのから飲みなさい」とコップを手渡され，それを一口飲みました．その後，私の方を振り返ると，満面の笑みを浮かべて，私のコップからも一口お茶を飲んだKちゃんでした．ガラスのコップからお茶を飲むという希望が達成されてもなお，「こっちだけではなくて，あっちからも」と，両方のコップに気持ちを寄せ，どちらからも飲みたいという気持ちが見られました．

　この力は，集団の中で発揮されると，たいへんな事態にもなります．車をすでに持っているのに，もう一つの車も持っていたい．二つとも自分のもので，友だちに譲れないといったことです．二つ持っていたいという思いを受けとめながら，気持ちの折りあいをつけていくことが必要になります．

　1歳半の発達の質的転換期を越えた子どもたちは，友だちが意図をもっていることにも気づくようになってきていることから，おもちゃなどの取りあいがうまく解決できることもあります．たとえば，小さな手さげカバンの取りあいをしたときのことです．自分の遊んでいたカバンを取られそうになったAちゃ

んが逃げて，Bちゃんが追いかけていました．しばらくしたところで，Bちゃんは追いかけるのをやめて別の遊びを始めました．するとそこにAちゃんがやってきて，その手さげカバンから積木を取り出し，「ハイ」と渡します．Bちゃんはニッコリ笑い，二人で積木を持って，しばらくごきげんな時間を過ごしました．自分の手さげカバンは差し出せませんでしたが，相手がカバンをほしがっているという気持ちがわかり，友だちが大好きな気持ちもあって，カバンの中の積木を一つ譲るという調整ができた姿でした．「ジブンノ！」という直線的な気持ちだけではなく，気持ちを配って，相手も自分も大事にできる姿でした．

（3）「間」を共有する力の発達

　1歳後半の子どもたちのクラスでの，朝の集まりで，一人ひとりが名前を呼ばれる場面でのことです．「○○はるとくん！」との先生の呼びかけに，はるとくんが机に突っ伏します．「あれ，はるくんいないなぁ．どこかなぁ，おやすみかなぁ．はーるーとーくん！」と言われ，はるとくんは突っ伏した姿勢のまま，顔を横にずらして周囲を見ながらおもむろに頭をあげ，先生の顔をのぞきこみます．「ばぁ！　はるとくん，でたでた！」と言われて，はるとくん，満面の笑みを保育者に見せます．4月当初は月齢の高い子どもがそうして遊んでいるのを見ても，月齢の低い1歳前半の子どもたちはそのおもしろさがわからなかったけど，夏になりみんなが1歳半を越えたころから，みんなの楽しみになったということでした．この遊びは，「名前を呼ばれたら返事をする」という流れに，「突っ伏す」という意外な行動をとって，かくれんぼのようなやりとりを楽しむことを子どもたちが共有し，顔を上げたときの保育者の驚きを期待して，タイミングを調整して顔を上げ，期待通りの結果を楽しんでいるものです．相手の反応を引き出すための時間的な「間」を子ども自身がとり，その意図が伝わったことを保育者と共有しています．

　このように子どもが「間」をとる活動が展開されるまでに，保育者が主導して「間」を共有する活動が，いろんな場面で展開されています．たとえば絵本．何度も読んでもらっている絵本の展開を覚えて，子どもたちは楽しみます．『だるまさんが』（かがくいひろし作／ブロンズ新社）の場合．保育者が「だ・

る・ま・さ・ん・が」と，絵本に描かれただるまと同様に絵本自体を左右に揺らし，自分自身も揺れながら読むと，子どもたちもそれをまねて左右に揺れています．次のページは「どてっ」と，転ぶシーンなのですが，ページをめくる前に保育者は子どもを見渡しながら一瞬の「間」をとります．その数秒の間待つことで，次の場面への期待をクラスのみんなと共有するのです．

　自分の意図をもち，それを相手に伝えることができるようになった子どもたちが，1歳半を迎えるころに，相手にも意図があることに気づけるようになってきて，相手の期待を理解して待つことができたり，相手が自分の意図を理解してくれることを期待して相手を待たすことができたりしています．

　日々繰り返されるさまざまな活動の流れがわかってきた子どもたちだからこそ，先へ先へと活動を進めていくのではなく，さまざまな場面で「間」を楽しむ余裕をもって，次の活動への期待を高め，それを待つ楽しさを保育者や友だちと共有し，時には相手の反応を予測して，その結果を確かめるという活動が楽しいのだと思います．

2　発達診断の方法

　ここでは，言葉の獲得によって自らの意図をよりはっきりさせ，また「…デハナイ…ダ」と相手の意図を受けとめることも含めて調整していく力を，発達診断の場面でどうみるかを解説します．発達検査の項目として，①はめ板の回転課題，②積木つみの課題，③器への入れ分け課題，④描画課題，⑤2個のコップ課題，⑥指さし課題，を取り上げます．

（1）はめ板の回転課題

　縦約15cm，横約37cm，厚さ約1.5cmの緑色の木板に，直径約9cmの円孔，一辺約9.5cmの正三角形孔，一辺約7.7cmの正方形孔が等間隔に開けられたものを，はめ板と呼びます．その円の孔に入る直径約8.5cm，厚さ約2cmの木製の白色円板を入れるのが課題です（**写真1**）．

　①円孔が子どもの正中線上，四角孔が正中線左にくるようにして，子どもの近地点にはめ板を置きます．子ども側から見てその円孔より手前の位置に円板

を置き，円板を円孔に入れるよう（例「ないないしてね」）指示します．うまく入った場合は，入れられたことをしっかり評価します．入れようとしないときには，検査者が円孔にはめてみせます．②次に，はめ板を回転させることを告げ（例「ぐるぐるするよ，見ててね」），注視を促しながらはめ板を円孔側が子どもの側を通るようにして180度回転させ，四角孔が子どもの正中線上，逆三角孔をはさんで円孔が子どもの左側になるようにして，はめ板を子どもの近地点に置きます．そこでもう一度，円板を入れるよう指示します．

　ここでの反応を観察します．自分の目の前にある四角孔に円板を入れようとして，カタカタと円板を押しつけつづける反応は，1歳前半の子どもたちに見られる反応で，位置反応と呼びます．1歳半ばになると円孔に入れることができるようになります．いったん，四角孔に円板を入れるものの，すぐに取り出し，三角孔，円孔と入れ直して確かめる反応は，かなりよくわかっている反応です．一方，円孔が回っていくのを見ていてつられるように円孔に入れる反応は，「四角ではなくて，円に入れるのだ」という切り替えが十分でない場合があります．結果的に「入った」かどうかではなく，どんな入れ方をしたかを見ます．円板を四角孔に入れても入らないことを受けとめて，「…デハナイ…ダ」と活動を切り返すところがポイントになります．

　はめ板が回転することを目で追っているか，円板を入れる前に，目はどこをとらえているか，円板を入れた後，入ったことを手で押さえたりし，目でとらえて確認しているか，何より，円孔に入れることを求めているおとなの意図を理解して，入ったことを報告するまなざしを検査者に向けているかなどを，観察することが大切です．

（2）積木つみの課題

　一辺2.5cmの木製の赤色積木を10個机の上に出し，標準点にそのうちの2，3個を置き，積み上げるよう指示します（例「たかいたかいしてね」）．子どもが積木に手を出そうとしないときは，2個を子どもの近地点に差し出し，その上に積むよう伝えます．それでも手を出さないときには，検査者が2，3個積み上げてみせて（例「ほら，たかいたかいしたよ」），再度積み上げるように指示します．その後のようすを観察します（**写真2**）．

写真1　はめ板の展開課題

写真2　積木つみ課題

　観察のポイントの一つめは，課題への気持ち（目的意識）のつくり方です．
積木を見て，意欲をもって積木に手を出し，あらかじめ「高くしよう」という
目的意識をもって積もうとするのか，「高くしよう」というイメージには至ら
ないものの，積木を積木の上に乗せようとするのか，あるいは，なかなか積木
をつかもうとせずに，モデルを見てから積木に手を出すのかを見ます．1歳後
半になると，「高くしよう」という思いを始めからもって積もうとするように
なります．二つめは，積み上げたときの表情です．初期は，一つ積むごとに賞
賛を求めるまなざしを送ってきますが，1歳半ば以降には，全部積み上げたと
きに，検査者に満足の笑顔を向けるようになり，さらに2歳近くになると，積
み上がった塔のシルエットを下から上まで見上げて，満足のまなざしを向ける
ようになってきます．三つめは，崩れてしまったときのようすです．自分で気
持ちを立て直すのか，検査者や保護者にどんなまなざしを送るのかなどを見ま
す．「積もう」「積み直そう」という意欲が積極的に見えたり，失敗へのとまど
いからの立ち直り方に個性があったりするところから，普段の生活のようすと
の関連が検討できます．四つめは，積木の持ち方です．掌を使わずに，積木の
対向面を親指，人さし指，中指の指先で持つことで積木をうまくコントロール
できます．また，力を入れすぎると積木は崩れます．積木に思いを寄せながら，
そっと力を抜くという作業ができることが，積み上げられるということなので
す．そういう気持ちの寄せ方を見たいと思います．さらに，積木に近い手を使
うなど，両手をうまく使って，積木を積み上げようとしているかにも注目しま
す．

写真3　器への入れ分け課題

（3）器への入れ分け課題

　直径14cmほどの皿を2枚と先ほどの赤色積木8個を用意します．子どもの近地点に積木を8個置き，標準点に子どもの正中線に対称に2枚の皿を並べて置きます．置く際に，2枚の皿を軽く打ち合わせ，2枚あることを強調しながら「この二つのお皿に，積木を全部入れてね」と声をかけます．子どもが積木を積んだりして遊びはじめてしまったときには，もう一度，皿に入れるように声をかけます．子どもが積木を入れた際には，どちらの皿に，どの順番で何個ずつ入れたかを記録します．片方の皿にしか入れなかった場合は，「どっちのお皿にも入れてね」と強調し，再試行します（**写真3**）．

　観察のポイントの一つめは，2枚の皿にどう配分したかです．4個ずつや，3個と5個のように，どちらにも入れることができたか，2個と6個や，1個と7個のように重みづけをして入れたか，片方にのみ入れたかをみます．二つめは，視線の動きです．個数としては2個と6個のように均等には入っていなくても，目で何度も2枚の皿を見比べていたかどうかです．三つめは，入れ方です．交互に1個ずつ入れ分けていったのか，何個かをまとめて入れていったのか，途中，片方の皿から他方の皿へ流し込むように入れた結果，0個と8個になったのかなどです．2枚の皿があることを意識して，両方に気持ちや注意を配るように入れ分けていくことができていたかどうかが大切です．四つめは，配分している途中や配分し終わったときのまなざしの向け方はどうかという点です．「入れてね」と言っている検査者の意図を受けとめて課題に取り組んでいるかどうかを見ます．

（4）描画課題

　紙と赤鉛筆を出して，子どもの正面に置き，描くように促します（例「じーじー書いてね」）．その言葉を受けて，描画を始めるかどうかを見ます．子ども

が描いているのを確かめて，次に検査者が，「先生もグルグルするよ」と言って，丸い円錯画を子どもの側から見て上部の右もしくは左寄りのところに書き込みます．そのモデルを見て，子どもがどう描き方を変化させるかをみます．

1歳前半では，左右横向けの往復線ですが，1歳半ばになると，グルグルと円錯画が描けるようになります．モデルが呈示されたときの反応は，1歳前半では，モデルにつられるように往復線を寄せてきます．1歳半ばを過ぎると，モデルに接近したり，自分の領域に戻ったりと調整する姿が見られるようになり，さらに発達していくと，モデルを認めつつも接近せず，自分の領域で自分の表現を行うようになります．モデルに対する関心の寄せ方を観察し，他者や他者の行動に対する関心がどのように広がりをもっているのかを生活場面と合わせて考えます．

（5）2個のコップ課題

3cmほどの犬のおもちゃと，直径6cm，高さ5cmほどの赤と青のプリンカップを用意します．犬とコップを標準点に提示して少し遊ばせた後，課題を始めます．ふたつのコップを伏せて横に30cm間隔で並べ，犬を手に持ち，「ワンワンが隠れるよ」と言いながら青色のコップに入れます．その状態で，二つのコップを伏せたまま左右の位置をずらして入れ替えます．コップを左右に入れ替えている検査者の手がコップから離れないうちに，コップを開けようとする際には，「待ってね」と言葉をかけ，検査者の手がコップから離れてから，「ワンワンどこかな？」と尋ね，犬の入ったコップを開けることができるかどうかをみます．これを3回繰り返し，遊び方の変化をみます．

観察のポイントの一つ目は，犬が見えなくなった後も，犬の入ったコップの位置を把握しつづけられるかです．1歳半ばになると，どちらに入っているかがわかって，犬の入ったコップのみを開けられるように変化します．二つ目は，検査者が左右にコップの位置を入れ替えようとコップに触れているときに，犬の入っているコップを開けようとする反応に対して「待ってね」と言われたときの反応です．1歳過ぎの場合は，すぐに開けて確かめたい気持ちがあり，検査者の意図を受けとめる余裕がないのに対し，1歳後半になると，検査者の「間」をとって開けることを楽しもうとしている意図を読み取って，開けよう

とした手を引っ込めることができ，
そのときに，意図を確かめるよう
に，検査者の方を見るようになり
ます．開けることができるのに，
開けずに数秒待つことができるか
どうかをみます（**写真4**）．三つ
めは，2回目，3回目の遊び方の
変化です．検査者の手が離れてか
らコップを開けることを，検査者
が期待していることを理解して，
「待ってね」と言われなくても自
発的にその「間」を待つことがで
き，その後，犬を発見したときに
検査者とよろこびを共有しようと
しているかどうかをみます．

① 「あけよう」

② 「待つの？」

（6）指さしの課題

　指さしは，通常，乳児期後半よ
り始まります．田中・田中（1982,
pp.72-73）によれば，相手の指示
するものを見ることができる段階，
ほしいものに対して指さしをして
要求をしたり，見つけたものを相

③ 「あった」

写真4　2個のコップ課題

手に見るように促す指さしをする段階，さらに，たとえば相手に「お父さんは
どの人？」と尋ねられて，お父さんを指さす段階があるとされています．この
三つめの段階には，「お目めどれ？」「お口どれ？」と，子どもの身体部位を問
う問いかけに答える指さしや，絵本などで「○○どれ？」という問いかけに答
える指さしも含まれます．これを応答の指さしと言います．相手からの質問に
対して応答的に答えるという可逆性と同時に，「目は？」と尋ねられて「お口
ではない，目だ」といった可逆的な思考のくぐり方ができてくることが必要に

なる指さしであることから，田中昌人はこれを「可逆の指さし」と呼んでいます．

新版Ｋ式発達検査2001では，「絵指示」「身体各部」の課題で，この応答（可逆）の指さしの獲得を押さえます．「絵指示」は，Ｂ４判の厚紙に，犬，自動車，人形，茶碗，服，ハサミが描かれていま

写真5　指さしの課題

す．「犬（ワンワン）はどれ？」などと尋ねていきます（**写真5**）．

また，目や耳など，対になった部位を問うた折には，「もう一つの○○は？」と重ねて問い，対の認識ができているかどうかもみます．

応答（可逆）の指さしは，１歳半ばごろに獲得されます．自分からは指さしをし，ときに命名することができても，相手からの質問に答えることは難しい場合があります．ここではその相手の意図を受けとめて指さして答えられるかどうかを見ます．指さしで答えることはできなくても，目が対象をとらえている，指先を動かしているなど，指さしの兆しが出はじめている場合には，それもていねいにとらえます．身体の部位がさせないようなとき，保護者の身体の部位を聞いてみるなどして，指さしが困難な理由が，見えない部位をさすことにあるのかどうかを確かめたり，普段の生活場面での指さしのようすを聞いて，子どもの力を見極めます．

3　１歳半の質的転換期と教育指導

１歳半とは，直線的に目標へ向かって行動したり，人と関わったりしていた子どもたちが，自分でしようとする意欲をもち，目標に向かって，選択肢の中からしたいことを選び取って行動したり，自ら気持ちを立ち直らせてやり直しをしたり，より明確な意図をもって人や外界と関わったりするようになっていく時期です．言葉の世界に入り，「…デハナイ…ダ」という思考を獲得し，他者ではない自分を意識しはじめたことがその土台にあります．そうした力を十

分発揮できる生活をつくることが大切です.

　子どもたちの力を引き出す魅力的な活動の一つとして, たとえば散歩があげられます. 道ばたの草花に手を伸ばしたり, 小さな虫が動いているのを発見して触ろうとしたり, 石をつまみ上げて溝にポトンと落としてみたり, ガラスに写った自分の姿に立ち止まったり. その一つひとつに能動的に関わろうとするこころの動きがみられ, そうした発見を親しいおとなや仲間に伝えて共有したいという願いが呼び起こされます. 子どもが安全に歩ける経路や場所を探しだし, そこで子どもたちが探索活動をじゅうぶん展開できるよう, ゆとりをもった日課をくんで, のんびり遊ぶ時間をとることが大事です.

（1）子どもの力を引き出すおとなの役割

　歩きはじめの場面のことです. 子どもたちは, 何度も何度も尻もちをつきながら, 懸命に前へ一歩一歩進もうと努力します. ただ, ひたすらに, 新しい力を獲得することの喜びに包まれて, 自ら挑戦していく姿です. その挑戦を可能にするのは, 周りのおとなの存在です. 懸命に声をかけ, 歩けたことを喜び, 拍手し, 抱きしめるおとなの姿です. こうした, 本人の発達したいと願う気持ちと, それを励ますおとなの存在が, 発達には不可欠です.

　積木を積んで遊ぶことも, 「ぽっとん落とし」に棒を入れることも, 絵を描くことも, どの遊びも, 自分のもつ調整能力を駆使して挑む楽しい課題です. でも, 「積めてうれしい」, 「入ってうれしい」, 「描けてうれしい」という感情はもともと子どもの中にあるものではありません. 積木が積めたときに「すごいね. 上手ね」とほめてくれるおとながいてはじめて, その活動に意味が付与されるのです. 一度ほめられるとそれは記憶となって, 次回以降, 積めるたびに「見て！」「すごいでしょ！」のまなざしをおとなに送るようになります. それをしっかりと受けとめて, 評価して, 喜びあうことが積み重なることで, 子どもは自分の行動に自信をもち, 安心して次の活動に向けてがんばろうとするのです.

　自己主張が盛んになってくると, その主張を受けとめつつ子どもが納得して行動の切り替えができるようなはたらきかけが必要になると, 射場（1997）が指摘しています. 昼寝の時間, 段ボールハウスの中で大騒ぎの2歳1か月, 1

歳11か月，1歳10か月の3人に，「もう友だち寝ているよ」「もう先生もプンプンやで」と伝えていると，段ボールハウスの中で寝たふりを始めます．そこで「よしあきくん，先生がおふとんに寝てもいいか？」と言うと，大急ぎで人形を抱っこして出てきたので「さあ，その人形といっしょにねんねしようか？」と言うと，あっという間に3人とも寝たのだそうです．おとなの都合で行動の切り替えを子どもに強いるのではなく，寝たふりをしている子どもをいとおしく思って見る「間」をとって，子ども自身が行動を切り替えるタイミングを待つこうしたやりとりをするゆとりをもって保育を展開することが大事だと思います．

（2）言葉の土台を育てる

　このように，おとなや友だちと気持ちを通わせながら生活していくときに，自分の思いをそばにいる友だちやおとなに伝え，相手の思いを受けとめていくことは欠かせません．だから，この時期に言葉によるコミュニケーションができはじめるのです．話す力は一般に単語の数が増えることだと思われがちです．でも，話すということは，人とコミュニケーションを取るということです．自分の気持ちを相手に伝えようとする意欲をもつことこそが，話す力の源です．

　ここに興味深いデータがあります．宇治市保健推進課で1990年から1992年にかけて行われた1歳半健診とその後の追跡調査のデータです．

　宇治市の1歳半健診では，単語を3語以上話しているかどうかと，先に述べた発達検査の「絵指示」で六つの絵が描かれた図版を見て「○○どれ？」と尋ねられて二つ以上応答（可逆）の指さしをして答えられるかどうかの，二つの項目で言葉の発達を確認していました．応答（可逆）の指さしも，単語も十分獲得できている子どもたちは心配がないと判断し，両方が未獲得の場合は，もう一度経過を見せてもらうよう保護者に伝えることになっていましたが，悩むのは，片方だけができているケースでした．そこで，その子どもたちが，2歳半の時点，3歳3か月の時点，3歳3か月以降にわたって，気になることを残しているかどうかを追跡調査したのです．その結果，3歳3か月まで，もしくはそれ以降も経過観察した子どもの率を見ると，両方の課題が不通過だったケースでは63％（19名中12名），指さしは二つ以上できているが，単語が話せな

かったケースは０％（８名全員が２歳６か月までに経過観察が終了），逆に，指さしは一つ以下しかできていないが，単語は三つ以上話せていたケースは11％（64名のうち，５名が３歳

表1　1歳半健診の状況と3歳3か月時点以降の経過観察児の割合（宇治市）

		単語3語以上	
		話せない	話せる
応答の指さし	1／6以下	63%	11%
	2／6以上	0%	0%

３か月まで経過観察，２名は３歳３か月以降も経過観察が必要），両方できていたケースでは０％（18名全員が２歳半までに経過観察が終了）でした．３歳３か月以降も経過観察が必要であったケースのうちの１名は，１歳半健診の時点ですでに11語以上の単語を獲得していました（**表1**）．

　このデータは，１歳半の時点で単語を数多く獲得していることが，必ずしも順調に言葉が発達していくことにはつながらないこと，また，応答（可逆）の指さしができていると，獲得している単語数が少なくてもその後の言語発達が順調であることを示すものです．これは，言葉を話すことが，単語を覚えることではなく，相手の問いかけをきちんと受け取り，相手に「コレダヨ」と返すやりとりと関連していることを示しています．

　話し言葉の獲得にあたって大切なことは，相手に自分の思いを伝えたいという気持ちを培うことです．そのためには，伝えたいと思えるような経験ができること，気持ちを伝えたら受けとめてくれると思える人間関係がつくられていることが必要です．ワクワクしたり，ドキドキしたり，悲しかったり，びっくりしたりする経験が，日々の生活の中で保障され，その自分の感情の揺らぎを誰かと共有するうれしさを実感できることが，何よりも言葉を育てるのです．

　そういう意味で，遊びの時間をテレビやスマホに奪われることは避けたいと思います．日本小児科学会から2004年には，子どもが一人でテレビを長時間見ることをやめるようにという提言が出され，2013年には「スマホに子守をさせないで」というポスターやリーフレットが出されました．YouTube や DVD から，途切れることなく子どもの好む番組が提供され，子どもはその画面を楽しみ，１歳児までもが画面をスライドさせたり，拡大したりしながら巧みに次の番組への操作まで行えるようになっていきますが，こうしたメディアから提供される画像に対して，声を上げても，指さしをしても応答はありません．絵

本を介して子どもとおとながやりとりする楽しさは，わくわくやどきどきを共有するコミュニケーションそのものですが，メディアが提供する物語は，子どもが吸い込まれるように楽しんでいたとしても，それはコミュニケーションを提供するものではありません．子どもにそうしたメディアをどのように提供するかについて慎重に考え，周囲の人といっしょに楽しむ工夫が必要です．

（3）「間」のある人間関係

保育場面での「間」のある活動で紹介したように，子どもの生活の中では「間」を楽しむ場面が数多くあります．「これ，なーんだ？」と何かが入った紙袋を提示して，カシャカシャ振ってみて音を聞き，大きさと音から何が入っているかを想像する「間」．「みててね」と言いつつ，「じゃーん！」と言いながら，袋を開けて種明かしをします．その間の，"あれかな，これかな，何かな，何かな"と考えながら待つことが楽しいのです．「あれ，○○ちゃんがいないよ，どこかな，どこかな」と，押し入れに頭と肩までを入れて隠れているつもりの子どもの名前を呼びながら，探してみる「間」．待ちきれず子どもが「ばぁ」と顔を見せてくれたときに，「わっ，こんなところにいたの？」といっしょに大笑いします．おとながつくる「間」もあれば，子どもがつくる「間」もあります．その「間」を共有して，期待と結果を確認しあうときに，子どもとの間に気持ちが通いあうのです．

子どもが「自分で決める」ための「間」もあります．おもちゃを片付ける時間に，子どもの手から奪い取って箱に入れることもできますが，そうではなく，箱を差し出して「ないないしてね」と，子どもが片付けることを待つ「間」があります．ホールから保育室に移動するときに，「お部屋に戻るよ」と子どもの手を引っ張ることは簡単ですが，おとなが子どもに手を差し出し，その手を子どもがつかんでくれたときに，動き出すという「間」もあります．おとなが子どもを動かすのではなく，子どもが自分で「片付けよう」，「保育室に戻ろう」と決めることを待つのです．そのとき，子どもはおとなの意図を受けとめ，自ら行動するのです．子どもの主体性を尊重するうえで，こうした「間」はたいせつです．

1歳前半のころ，ものを操作しているときの子どもは，ものに夢中になって

います．そこでは，子どもは一方向的に「…したい」という意図をものに向けています．そこに「間」はありません．ものと行為の間に「間」をつくるには，おとなのはたらきかけが重要であり，それが魅力的であれば，子どもは新たなものやおとなの言葉に注意を向けるようになると，近藤（2011）が指摘しています．自分だけでなく，相手も意図をもっていることがわかって，「間」が楽しめるようになるのです．

（4）子どもと子どもの関わりの展開

　本章の1節でも見てきたように，友だちの動きが視野に入り，友だちと同じことをするのがうれしい子どもたちです．友だちにあこがれて，同じ手提げカバンを持って，ブロックを同じようにカバンに入れて，買い物のつもりで友だちのうしろにくっついて保育室を歩き回ったり，友だちが先生の膝に乗っているのを見て，自分も割り込んでいったり，友だちといっしょだから味わえる，うれしい時間がいっぱいあるのです．だからこそ，おとなの思いがわかっていても，わざと子ども同士で騒いでみたりもしているのです．

　そのかけがえのない楽しい友だちとの関係なのですが，子ども同士だからこそ，おもちゃの取りあいなどいろいろな気持ちのぶつかりあいも起こります．相手がおとなであれば譲ってもらえるはずのおもちゃの取りあいが起こるのですが，自分がほしいものを相手が貸してくれないという矛盾にぶつかることで，自分の「このおもちゃがほしい」といった気持ちが鮮明になり，自分の意図を指さしや言葉で主張する力が育つという側面もあり，いざこざがあることも，友だち関係の貴重な側面だと思います．そのいざこざの中で，先生の言葉を支えにして友だちの気持ちにも気づいていくのです．

　新しいことに挑戦するきっかけも，子ども集団の中ではつかみやすいようです．たとえば，独特の手触りの，小麦粉粘土やフィンガーペインティングなど，はじめは抵抗を感じる子どもがいます．おとなが対面してそのおもしろさを説明しても，なかなか手は出ません．ところが，集団の中で，その感触を楽しんで味わっている子といっしょにいると，その遊びの楽しさが最もわかりやすく伝わり，自分も参加するきっかけをつかむことができるのです．もちろんそこには，おとなが押しつけず，かといって放任せず，「ちょっと触ってみたくな

る」瞬間を察知して，声かけするという配慮が必要となります．子どもを見守るまなざしの確かさが求められます．

（5）「だだこね」や「かみつき」について

　自分の意図を指さしで表現したり，相手との間に「間」をとって楽しんだり，いろいろな形でコミュニケーションがとれるようになり，言葉も徐々に話せるようになっていく子どもたちですが，まだ思いのすべてを言葉で表現できるわけではありません．その矛盾に子どもたちのイライラがつのり，「だだこね」と呼ばれる現象が起こるのも，この時期です．その「だだこね」にも，発達的な違いがあるようです．1歳前半においては，自分の意図はあるものの，その意図が相手に十分伝わらないことが理解できず，子どもがイライラすることがあることを，先に述べました．それに対して，1歳半ばを過ぎると，相手に自分の思いを受けとめてもらえないことがわかって，怒って「だだこね」をするようになっていきます．ただひたすら，気持ちが収まらず泣いている姿とは異なり，相手に聞かせるように泣いています．先生がその場を離れると泣き声はやんでいくのに，先生が戻ってくる影が見えると，また泣きはじめるといった具合です．このようなとき，まずは子どもの気持ちを受けとめることが大切です．

　もっと遊んでいたいのに，帰るように促されて泣いているときに，その「もっと遊んでいたい」という気持ちを受けとめるということです．「○○していて，とっても楽しかったから，もっと遊んでいたいんだね」と，まだ言葉で伝えることのできない自分の思いを相手に言語化してもらうことで，子どもの気持ちは幾分落ち着きます．そのうえで，帰らなければならない理由などを伝え，可能であれば「あと1回，○○したら終わりにしようね」とこちらから譲歩したり，「○○するか，××するかどっちにする？」と，選択肢を呈示したりして，子どもの気持ちが落ち着くところをつくりつつ，こちらの思いを伝えていきます．

　また，こうした特徴が見られる時期の子ども集団の生活場面では，「かみつき」や「ひっかき」が見られるようになります．「このおもちゃは自分のもの」というような自分の意図がはっきりしたり，友だちへの興味が強くなり，

あの友だちが持っているおもちゃで自分も遊びたいという気持ちをもつように
なったために，それがうまくいかないときに友だちに噛みついたり，ひっかい
たりすることが始まるようです．ただ，みんなが発達の過程として，「かみつ
き」や「ひっかき」をするわけではないところは，「だだこね」と異なるとこ
ろです．

　以前，保育者を対象として「かみつき」（以下，「かみつき」にひっかきも含む）
の激しかった子どもの特徴についてのアンケートを実施し，45件の回答を得ま
した（西川，2004，pp.52-84）．その結果，「かみつき」がひどかった時期は，
1歳前半，1歳後半，2歳前半にそれぞれ約30％ずつ分布し，それが収まった
きっかけは，言葉を話しはじめたことが44％，不明が44％，残りがその他でし
た．言葉で自分の意図を伝えられないもどかしさや，前述のように自分の意図
ははっきりもっていても，相手の意図が理解できずにイライラすることが，
「かみつき」行為となって表現されているものと考えられます．

　次に，「かみつき」の中でも，もっとも保育者が悩む，理由のわからない
「かみつき」をするケースについてみてみました．その結果，理由のわからな
い「かみつき」をする子どもは，理由がわかる「かみつき」をしている子ども
に比べて，「かみつき」自体が収まった後にも，「思い通りにならないと突っ伏
して泣く」「マイペース」「壁に頭を打ちつける」など，気になる行動が残るケ
ースが有意に多いことが示されました．これは，「かみつき」が激しいケース
の中に，発達の過程として表れ，言葉の獲得などによって消えていくケースと，
自分の意図を他者に伝えるというコミュニケーションの力に弱さがあるケース
が混在していることを示しており，特に，理由のわからない「かみつき」をす
るケースに対しては丁寧な関わりが必要なことが示唆されます．

　いずれのケースにしても，「かみつき」をした子どもに対しては，理由がわ
かる場合にはまず，「○○が嫌だったんだね」とその子の気持ちを受けとめ，
そのうえで，「かみつき」はよくないことを伝え，相手が痛い思いをしてしま
ったことに気づかせるはたらきかけが必要だと思います．また，噛まれた子ど
もに対しては，「痛かったね．止められなくてごめんね」と，伝えた後で，噛
んだ子が，その子といっしょに遊びたいと思っていることなど，思い当たるこ
とがあれば伝えて，二人が関われるようなきっかけづくりができることもある

と思います．ただし，「かみつき」が頻繁に起こっているときなどは，グループごとに生活に時間差を設けるなどして，「かみつき」が起こりやすい子ども同士がいっしょになる時間帯を減らすなどして，いざこざが起こらないよう工夫することが必要な時期もあります．ケースによって対応は一様ではありませんが，噛んだ子に対しても思いを寄せて，その子の気持ちを考えることが大事だと思います．

　いずれの場合にも，「かみつき」の多い子自身が，楽しいと思える生活を組織し，先生と笑いあい，友だちと笑いあうなかで，人といっしょにいる心地よさを実感できる環境をつくることが大切だと思います．そのためには，少人数グループをつくるなど，手厚い人員配置が必要になるケースが多いので，担当保育者のみが問題解決に向かうのではなく，全職員が問題を把握し，その解決のためにどういう工夫が必要なのかを共有することが大切になります．

　言葉を話しはじめたとはいえ，まだ思いの半分も伝えられないもどかしさをもつ子どもたちが，人とともにいることの楽しさを満喫できるよう，子どもたちの思いをしっかりと言葉にして返しつつ，密度高い時間を過ごしたいと思います．

（6）自己主張が少ない子どもへの対応について

　「だだこね」や「かみつき」の悩みが多くみられる1歳児ですが，現場ではそうした自己主張がなく，おとなになされるがままになっている子どもへの対応も，悩みとなっています．そうしたケースの場合，「そろそろお片付けして，お部屋に入ろうね」といった全体への言葉かけでは動くことが難しく，保育者が個別に対応することが多くなるようです．そこでの対応の工夫が必要です．忙しい生活の切り替えの時間帯には，その子の持っているおもちゃを片付けながら，他の子には言葉で片付けを促し，その子を抱き上げて手洗いに移動しながら，他の保育者に先に保育室に入っていることを伝える，というような場面になりがちです．けれども，そうした対応では，その子自身は主体的に行動しようとしていないなかでおもちゃが片付けられ，手がきれいになり，すべての身の回りのことが整っていくことになってしまいます．理想としては，まず，その子の横にしゃがみ込んで，「○○ちゃん，いっぱい遊べたね．楽しかった

ね」と園庭で遊んでいた楽しかった時間を締めくくる言葉をかけ，その後に「おもちゃ，ないないしようか」とその子自身がおもちゃ箱におもちゃを入れるよう促し，「○○ちゃん，じょうずにお片付けできたね」と今の行動を言葉にして返し，さらに「次はお手て，洗おうね」と次の行動を示す言葉をかける，というように，一つひとつの行動を締めくくって，次の行動へ移るようにすると，その子が，「園庭で遊んだ主体」，「おもちゃを片付けた主体」，「手を洗った主体」となるのです．そのなかで，「○○ちゃんが」という「自分」が目覚め，自己主張につながっていきます．そのためには，いろんな活動が，「○○しよう」として取り組まれ「○○できたね」と達成感をもってしっかり締めくくれるように，子どものこころに届く言葉で伝えていくことが大切です．そうした活動の積み重ねのなかで，どの子も，自分の生活の主人公になっていけるのです．

文　献

射場美恵子（1997）納得と共感を育てる保育──0歳から就学前までの集団づくり．新読書社．

木下孝司（2008）乳幼児期における自己と「心の理解」の発達．ナカニシヤ出版．

近藤直子（2011）1歳児のこころ．ひとなる書房．

白石正久（2011）やわらかい自我のつぼみ──3歳になるまでの発達と「一歳半の節」．全国障害者問題研究会出版部．

田中昌人・田中杉恵（1982）子どもの発達と診断2　乳児期後半．大月書店．

田中昌人・田中杉恵（1984）子どもの発達と診断3　幼児期Ⅰ．大月書店．

西川由紀子・射場美恵子（2004）「かみつき」をなくすために──保育をどう見直すか．かもがわ出版．

4章　２〜３歳の発達と発達診断

寺川志奈子

1　２，３歳の発達的特徴

　２，３歳ごろは，"大きい自分"になりたい願いにあふれている時期としてとらえることができます．１歳ごろに誕生した自我はさらに大きくふくらみ，「ジブンデする！」という主張がいっそうはっきりしてきます．そして，"ジブンデやった"，"ジブンデできた"ことを，大好きなおとなに見ていてもらって，認めてもらうことによって，その喜びが"大きい自分"という誇らしさを育んでいきます．さらに，"大きい自分"を認めてもらっているという安心感は，相手の要求を少しだけ受け入れて，譲ったり，順番を替わったりしてあげられるような，３歳児がみせる自我が充実した姿へとつながっていきます．本章では，こうして自我の拡大期から充実期へ向かう２，３歳児が，生活の中で見せる姿と，それと関連する発達の諸側面をみていきます．

（1）身体運動の発達

　写真１は，自分の股の間から外の世界を覗いている２歳児です．こんな姿勢をとっても，容易にはひっくり返らなくなりました．姿勢が安定することで，これまで見えなかった新しい世界を発見することができるようになります．

　２歳になると，歩く力が増すとともに，向かい風を切って走る，坂を登る，足を交互に出して階段を上り下りする，高いところへよじ登る，段差から飛び降りる，すべり台を反対から登るなど，いろいろな抵抗に対して"斜めの構え"をつくって挑戦を始めます．わざわざ水たまりの中を歩いたり，縁石の上を歩いたりするようすもみられます．こうした身体運動の発達により遊びの幅

もぐんと広がります．散歩のコースを工夫するなど，これらの力が発揮できるような，豊かな環境が生活の中に用意されていることが大切でしょう．

さらに3歳になると，座位から手を使わずに立ち上がる，ケンケンをする，両足跳びで前に進む，ブランコをこぐ，ボールを蹴る，

写真1
股の間から新しい世界を覗く（2歳0か月）

三輪車をこぐなどができるようになります．音楽に合わせたリズム遊びや遊具による運動遊びのレパートリーも広がります．こうして自分の身体の動きを思い通りにコントロールできるという実感は，大きくなった自分への誇りにもつながっていきます．

（2）対比的な認識と比べる言葉

写真2は，2歳児がおとなから「おもしろい顔をして」「かわいい顔をして」と求められて，鏡で自分の顔を見ながらみせた表情です．言葉での要求に応じて，表情にいろいろな変化をつけることができるようになりました．「いい顔をして」の求めには，「これがいい」と言いながら，わざと眉をひそめた怖い顔をつくってみせていました．

2歳には形容詞が獲得されはじめます．この頃から外界への感受性がいっそう高まり，感じわけ，知りわけたことを比べる言葉や身振り，表情などの表現手段で自分なりに違いを表現することができるようになります．たとえば，大好きなお汁を飲んで「おいちー」，果物を食べて「あまーい」，梅干しをなめて「しゅっぱーい」などと気持ちを表す言葉と，それとわかる豊かな表情を見せるようになります．「こわい」という言葉も覚えて，いろいろな対象に対して，たとえば風が吹いただけでも「こわい」と言う姿が見られることがあります．それほど，これまでは気づかなかった外の世界に対して感受性が高まってきたと言えるでしょう．大好きなおとなに「大丈夫」と言ってもらうと安心します．

2歳になると，外の世界を対の関係でとらえはじめ，まずは目に見えるもの

写真2　鏡を見ながらいろいろな表情をつくってみせる（2歳2か月）

から「大きい―小さい」「たくさん―少し」「長い―短い」など，性質や関係について対比的に認識することができるようになります．そしてもう少し発達がすすむと，「重い―軽い」といった目に見えない世界をとらえ，また，「好き―嫌い」「きれい―きたない」などの自分なりの価値づけもみられるようになっていきます．対象と言葉が一対一対応の関係だった1歳とは違って，2歳になると，お父さんと赤ちゃん，ぞうとありというように対象が違っても，「大きい―小さい」という関係が理解できるようになることは，発達の飛躍的な変化と言えます．

　対比的な認識の育ちと関連しながら，言葉の世界も広がります．2歳になると二語文を話しはじめます．「パパ，きた」「パパ，あっち」「パパ，おおきい」など，対象を示す語を軸として，その状態や性質を表す言葉をつないで表現することができるようになります．2歳から3歳にかけては，語彙が爆発的に増えていく時期です．その前提として，感じわけ，知りわける認識の高まりが発揮される，豊かな経験が求められます．経験を通していきいきとした情動が引き起こされることによって，それをぴったりと表現する言葉が分化し，子どもにとって意味のある自分の言葉が獲得されていくのでしょう．

　「これ何？」「なんで？」とおとなに繰り返し問いかけながら外の世界を確かめるようすもみられます．2歳になったばかりのころ，知っているのに，何度も「これ何？」と聞いてくることがあります．おとなに期待どおりの言葉を返してもらって，"そう，ワタシ知ってるよ"と確認することで，大きくなった自分を誇らしく主張している姿としてみることができるのではないでしょうか．また，絵本の中や着ている服にクマの絵を見つけると，自分のクマのぬいぐるみを「いっしょ」と指さして，見つけたことをうれしそうにおとなに知らせて

くるようすもみられます．このように，知っていることが増え，外の世界の「いっしょ」や「ちがい」を見つけ，いろいろな対の世界をとらえながら外界を意味づけ，関係づけながら，内面と表現を豊かにしていくころといえるでしょう．

　2歳で問いと答えの成立がみられ，3歳になると対話も進んでいきます．「○○ちゃん（友だちのこと）髪の毛きれいになってきた，こんなん（と言って髪を上げるしぐさを見せる）」（3歳2か月），「今日（給食の）カレーいっぱい食べちゃった．カレーのときは食べるの速いねん」（3歳9か月）などと，保育園であった出来事を家に帰って思い出して話すことがみられるようになります．朝起きて「あんな，ミッキーちゃんが靴はいとって，ほんでな，○○ちゃんが抱っこしてあげたら逃げていってん」（3歳5か月）など，見た夢の話も語られます．このように，目に見えない事柄をイメージする表象や記憶の発達に支えられて，少し前のことを思い出して話すことがみられます．また，「あとでね」「また，あした」などのちょっと先を期待する言葉をおとなといっしょに口に出しながら，気持ちや行動をコントロールして少し待てたり，がまんができたりするようになっていきます．こうした自分の経験を過去や未来に位置づけて語る言葉の中に，時間への意識の芽生えをみることができます．そして，自分の経験を他者に語り，それを相手に受けとめてもらい，「すごいね」「かっこいいね」などと意味づけてもらうことによって，"自分というもの"の感覚が一貫性のある確かなものとなり，自己が育っていくのです．

（3）自我の拡大から充実へ

　2歳になると，対の世界の認識は，自分と相手との関係をとらえはじめます．そして，相手の領域ではない「自分の」領域を「もっともっと」と重みづけ，拡大していきます．「自我の拡大期」ととらえることができます．自分のつもりを通そうとして，「～しなさい」と言われると「いやや！」と反発したり，「ごはんにしようか」には「おせんべいにしようか」（2歳3か月）と，わざと違うことを言ったりします．3歳に近づくとさらにあまのじゃくぶりを見せ，風呂上がりに「気持ちよかった」と言うので「気持ちよかったねー」と返すと，「気持ちよくなーい」（2歳9か月）などと，わざと反対のことを言ってみたり

します．ここに他者から独立した主体性をもった自分がいる，あなたの思いで
はない自分の思いがあるということを精一杯アピールしているかのようです．
そして，「○○ちゃんがする」「○○ちゃんの」「○○ちゃんも」と要求を言葉
に出して，はっきりと自己主張します．

　2歳児にとって，大好きなおとながやっていることはとても魅力的で，「ジ
ブンも」やりたいという気持ちを強く押し通そうとします．掃除機をかけよう
とすると「○○ちゃんがやる！」と言って奪い取り，その間にゴミ出しに行っ
てしまうと「いっしょにーっ（行きたかった）」と地団駄を踏んで怒るので，
もう一回やり直す羽目になったりします．

　りなちゃん2歳の，「りなちゃんがする！」が爆発していたころのエピソー
ドです．風呂から上がって，やる気満々に身体を拭いて，自分ではすっかりき
れいに拭いたつもり．それなのに，目につく背中の拭き残しを母親が手を出し
てほんのちょっと拭いてしまった瞬間，りなちゃんはバスタオルを投げ捨て風
呂場に駆け戻り，湯船から手でお湯をすくってお腹にこすりつけていました．

　「ジブンデする！」という思いを尊重し身辺自立を促していくことは大切で
す．ですが，このころは朝の身支度も，忙しい親にとってはたいへんです．も
う少しでできそうな難しいことをがんばって大きくなった自分を感じたい2歳
児にとって，服のボタンはめは「ジブンデする！」が発揮される魅力的な課題
です．「りなちゃんがする！」とボタンはめにこつこつと15分近くもかけてい
る横で，保育園に出発しなくてはならない時間が迫り，母親は焦っています．
悠久の時間の流れで動いているりなちゃんに，「ここはよく見えないところで
難しいから」と，本人の今の思いとは違う言葉かけをして手を出してしまうと，
怒ってシャツを脱いで始めからやり直し．おとなの手を借りずに自分でしたい
思いが尊重されなかったことに反発します．

　こんなふうに，「イヤイヤ期」と称されるほど，自分の思いを強く押し通そ
うとする2歳児に，おとなはどう関わればよいのでしょうか．こつこつとボタ
ンはめをしている2歳児に，おばあちゃんがかけた次のような言葉に，関わり
のヒントがあるように思います．

　「えらいね．がんばっているね．でも，どうしても一人でできないときは，
手伝ってって言ってね」

すると，間もなく自分から「やって」と言ってきたそうです．

　神田（2004）は，２歳児の要求には「二重構造」があると指摘しています．そこには，"自分でボタンはめがしたい"という「行為への要求」と"自分の思いを認めてほしい"という「自我の要求」があるということです．行為への要求にはすぐには応えられなくても，「えらいね．がんばっているね」と，まずはジブンデやりたい思いを受けとめてあげることが，"大きい自分"になりたい２歳児の自我を育むことにおいて大切な関わりだと言えるでしょう．自分の思いが尊重されている安心感があってはじめて，相手の言うことに耳を傾けることができるのではないでしょうか．手伝ってもらいながらジブンデやり遂げたことに満足する２歳児です．また，ジブンデできることをおとなに「見てて」と要求し，できたことをおとなにほめてもらって達成感・満足感をもつことができます．おとなに寄り添ってもらいながら自立していく２歳児です．

　「たくさん─すこし」の対比的な認識と結びついて，自我の拡大期には自分の領域を守るための独り占めもよくみられます．食べ物を分けると必ず大きい方を取ったり，自分では食べきれないのに「ちょうだい」と言っても「ダメーッ！」と拒否をして，少しも相手に分けようとしなかったりします．保育園でも自分が使っているおもちゃを友だちが触ったら奪い返して独り占めすることがみられます．あるいは，友だちが使っているおもちゃを取ろうとして取りあいになることも頻繁にみられます．同じおもちゃがたくさんあっても友だちが使っているからこそ魅力的で，「ジブンも」ほしいのです．相手とぶつかりあうなかで，自分の意図や要求がより明確になり，また同時に，相手の意図や要求に気づいていく機会にもなります．

　このように，安心し，信頼できる人間関係の中で，自分の意図や要求をしっかりと自己主張し，受けとめられる経験を通して，その安心感の上に，自我は他者を受け入れることができる面をもちはじめ，「自我の充実」へと向かいます．３歳を過ぎると，いつもの食卓を見渡して，「お父さんの」「お母さんの」と他の人のお皿に配りわけてから自分が食べたり，自分が大好きなブドウを「これおいしいから食べてみんさい」と口に押し込んでくれる姿（３歳１か月）がみられるようになります．以前なら友だちがままごとに入ろうとすると，泣いたり怒って手を出したりして一人遊びを楽しんでいたのが，友だちといっ

しょにおもちゃを使って遊ぶことへの変化がみられます．友だちといっしょに遊ぶことの方が楽しいと思えること，おとなみたいに分けたり譲ってあげたりできることに，"大きくなった自分"を感じて誇らしくなれること，こうした気持ちが支えになって他者を受け入れる行為につながっていくのでしょう．

　3歳になって紙おむつの外れたりょうくんは，新しい布パンツを買ってもらいました．いつもは自分のことを「りょうくん」と呼んでいるのですが，新しい布パンツを手にしたりょうくん，「オレのパンツ！」と得意そうに見せてくれました．さらにこのころ，「りょうくんがしてあげようか」と盛んに言ってきては，自分のことはさておき，おとなの手伝いや友だちのお世話をしたくてしかたがないようすでした．いずれの姿にも，3歳児らしい"大きくなった自分"への誇らしさがあふれています．

　一人でできることがいろいろ増えてくる3歳児は，何か新しいことに挑戦するたびに「赤ちゃんはこんなのできる？」とおとなに問い，「赤ちゃんはできないよ．やっぱり3歳だね」と言ってもらって，大きくなった今を誇らしげに確認するようすがみられます．こんなときは，「3歳だもん！」と張りきってお手伝いをしてくれたりします．一方，眠いときや疲れているときなど，気持ちが前向きになれないとき，「抱っこー」と甘えてくることもあります．「○○ちゃんは赤ちゃんかな？　お姉ちゃんかな？」と聞くと，小さな声で「赤ちゃん」と答えたりします．こんなときに「もう3歳でしょ」と言われると，ますます気持ちはしぼんでしまいます．大きくなりたい自分と，でも，なれるかなという思いの間で揺れる3歳児の内面があります．こうした内面の揺れに寄り添いながら，誇らしい自分を実感できるような場を保障し，励ましていく支援が大切です．大きくなった自分への誇りを支えに，「小さくても主人公」として，生活の主体者になっていくのです．

（4）遊び

　2歳ごろから，表象的思考の発達にともなって，言葉や身ぶりによる見立て・つもり活動が盛んになり，生活を再現する遊びが展開します．たとえば，自分はお母さん役になって人形を赤ちゃんに見立て，布でおくるみのようにくるんで抱っこしながら，「赤ちゃんだからおっぱいあげる」と服をめくって自

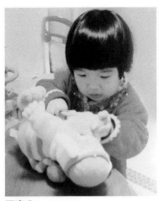

写真3
人形に「歯磨きするよ．お口あーんして」．自分は仕上げ磨きをされるのが嫌い（2歳7か月）

写真4
人形たちを布団に寝かしつけてから寝るのが日課．自分の寝場所がない！（2歳7か月）

分のおっぱいをしばらく飲ませてあげます．それから，「ゴホゴホ出てるから薬あげるねん」とコップに積木（薬のつもり）を入れて飲ませるふりがみられます（2歳7か月）．保育園の先生役になって「ほら，タオルとってちょうだいって言ってごらん．タ・オ・ル・とっ・て・ちょー・だい（ゆっくりいっしょに言ってあげているつもり）．よく言えたねー．えらかった，えらかった」と人形の頭をなでてやって，タオルで体を拭いてあげるようすもみられます（2歳9か月）．憧れのおとなになりきって小さい子に世話をやく姿は，"大きい自分"を感じたい思いがあふれているようです（**写真3**，**写真4**）．そして，1歳児の"食べるふり"のような1単位のふり遊びから，2歳になると"コップに注ぐふりをしてから，飲むふりをする"のように「…シテカラ…スル」といった，つもりが2単位以上のつながりをもって展開するごっこ遊びへの発展がみられます．

　遊びを通して，仲間関係もつながっていきます．3歳児クラスのエピソードです．年中，年長児クラスが運動会の練習で"ウルトラマン"の曲に合わせて踊るのを憧れて見ていた子どもたち．部屋に音楽が聞こえてくると，一人が踊りはじめたことをきっかけに，その子の後ろに「ジブンも」「ジブンも」と次々に子どもたちが踊りに加わります．最後には6人が一列に並んで，前の子どものふりをすぐ後ろの子どもが真似をして，ふりが順に連鎖していくようす

がみられました．踊りに加わらない子どもたちも楽しそうに見ています．そこには，生活をともにしている仲間が，大きいお姉ちゃんやお兄ちゃんへの憧れという共通の思いをベースに，同調的な遊びによってつながり，楽しさを共有するようすを見ることができます．言葉によって集団遊びを組織することはまだ難しい3歳児でも，"友だちといっしょのことがしたい"という願いをもち，同調的な遊びを通して友だちとつながる楽しさを知り，仲間になっていきます．

2　発達診断の方法

　2，3歳（2次元形成期）の発達診断は，1歳半の発達の質的転換期を越え，1次元的な世界から対比的な（2次元的な）認識の獲得へと進み，「二つの世界」をとらえはじめた行動をつかみます．そして，「二つの世界」が外界の認識や他者との関係における自我の発揮においてどのように豊かに展開しているか，さらには，次の4歳（2次元可逆操作期）の発達へとつながる力がどのように芽生えているのかを確認します．外界からのはたらきかけの受けとめや，外界へのはたらきかけにおける発達的弱さや困難さを明らかにし，子どもの家庭環境，生活スタイル，人間関係，教育的関係などとの関連において，変化の見通しをもつことが求められます．ですから，検査場面だけから判断するのではなく，保護者や保育士などからの聴き取りも重要な情報となります．これらをもとに，弱さや困難さを発達全体，生活全体の中に位置づけてとらえ，また保護者の願いも尊重しながら，教育的な支援のあり方を考えていくことが求められます．

（1）発達検査の場面への導入

　幼い自我が，新しい人や場面にどのように向かっていくかを観察します．自分のタオルや大事なおもちゃなどを握りしめて検査場面にやってくることもあります．「心の杖」を持って新しいことへ立ち向かおうとしているのです．無理に取り上げたりせずに，課題へ気持ちが向かう中で自分から放していくようすをみていきます．また，家でお母さんとはおしゃべりな3歳児が，検査場面に入った途端に，こちらをジッと見て黙り込んだまま，質問や課題に一向に応

えてくれないことがあります．こうした姿は，３歳児健診の場面でもよくみられます．その場から逃げたりせずに新しい場面にアンテナを張りながらも，新しいことをやってみる前向きな気持ちになれない，３歳児の葛藤する内面があります．検査者がはめ板に円板を入れてみせるなど，３歳児にとって目に見えて結果がわかりやすいものを介して関わることから始めて，やってみたいけれども今はできない葛藤を，前向きな気持ちになるまで間接的に誘いながら待つ姿勢が大切です．

（2）発達診断の実際

　ここでは机上の課題から，対比的な「二つの世界」をとらえはじめたようすを確認します．

1）積木構成

【自発的な構成】

　まず，一辺2.5cm の赤色の積木を「どうぞ」と８〜10個呈示し，自発的にどのように操作するかを見ます．積木に手を出そうとしない場合は，検査者が２，３個積んでみせてから，「どうぞ」と手元に置くと，操作を始めることがみられます．２歳前半では，バランスをとるために一方の手を積木に添えながらもう一方の手で積木をずらしてみるなど，調整をしながら積み上げ，積みきったところで相手を見る，倒れると笑ったり，少し照れたように積み直したり，そして今度は一列に並べてみるなどの一連の行為を繰り返すようすがみられます．できたものに対して「ブッブー」などの意味づけもみられはじめます．３歳に近づくと，見立てる力の発達と関連しながら，一方向的な構成にとどまらず，２列に積む，田型につくった上に積み上げるなど，「たて」と「よこ」をとらえた立体物を構成しはじめます．そして「これロケット，ビューン」「大きい電車，駅に着きました」などと自分から意味づけ，見立てて動かすようすがみられるようになります．

【トラックの模倣，家の模倣，門の模倣】

　２歳児の対比的な認識の発達をとらえる積木構成課題として，〈トラックの模倣〉〈家の模倣〉を実施します．３歳児に対しては〈門の模倣〉も実施します．

〈トラックの模倣〉（または〈汽車の模倣〉）では，「トラックブーブー（汽車ポッポ）をつくるから見ていてね」と言って，4個の積木を出して一列に並べて動かします．先頭の1個を取り上げ，「これは運転手さんの乗るところ（煙突）だよ」と言って，先頭の上に載せ，「さあ，走るよ．ブーブー（ポッポー）」と走らせます．モデルをそのまま残し，新たに4個の積木を対象児の手元に置き，「○○ちゃんもこれと同じトラック（汽車）をつくってね」と促します．

〈家の模倣〉（または〈トンネルの模倣〉）は，〈トラックの模倣〉の可否にかかわらず実施します．「今度はお家（トンネル）をつくるよ．内緒でつくるからね」と言って，構成プロセスが見えないように衝立で隠しながら3個の積木でモデルを構成します．衝立を取って，「ほら，お家に入るよ（ブーブーが通るよ）」と言いながら，車に見立てた鉛筆を通します．新たに3個の積木を対象児の手元に置き，「○○ちゃんも同じお家（トンネル）をつくってね」と促します．できない場合は「つくるから見ていてね」と目の前でつくって見せてから，再度構成を促します．積木と積木の間に“間隔”をつくる調整がみられるかどうかが観察ポイントの一つになります．構成プロセスの例示なしで構成ができたのか，例示するとできたのかを記録しておくことも，教育的支援を考える際の手がかりとなります．

3歳では，〈トラックの模倣〉〈家の模倣〉の構成ができるかを確認した後，5個の積木で〈門の模倣〉を行います．まず，衝立で隠してモデルをつくった後，子どもに新たに5個の積木を手元に呈示し，モデルと同じものをつくるように促します．この手続きで構成が難しい場合，モデルを目の前でつくって見せてから，再度構成を促します．“斜め”を入れる調整がみられるかどうかが観察ポイントの一つになります．

これらの課題では，以下の3点において対比的な認識の成立を確認します．

一つめは，自分の積木とモデル（相手）の積木とを分けて，モデルを見ながら自分の構成をするかといった，「自―他」の領域分化の成立を見ます．モデルを見ながら同じ形につくりあげると，〈トラック〉を自分の胸元に引き寄せて「見て」というように検査者に目を向けてくることがあります．そうした行為に，「自分がつくったトラック」という達成感を読み取ることができ，おと

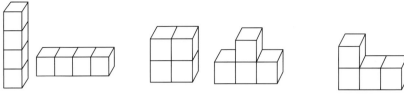

① 一方向への構成　　② 田型，凸型をつくる構成　　③ トラックの模倣

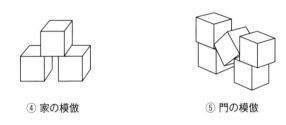

④ 家の模倣　　　　　　⑤ 門の模倣

図1　積木構成の発達的順序性

ながそれを認めてあげることで，自分への満足感は確かなものになります．一方，モデルの積木の上に自分の積木を載せる，モデルの積木を崩して自分の積木といっしょにして積み上げるといった行為に，自他の領域が未分化であることを読み取ることができます．この場合，「これは先生のだよ．○○ちゃんのはこっちだよ」と言葉で区別を明確にするはたらきかけをしてみます．それでもモデルの積木に手を出してくる場合には，子どもの前に紙を置いて「○○ちゃんのトラックはここにつくってね」と促し，自分の領域を明確にするはたらきかけをして反応を見ます．言葉かけや紙による「自─他」の領域の明示によって，モデルとは分化した構成ができる場合には，「自─他」の領域分化への兆しを見ることができます．「自─他」の領域分化が成立しているか否か，またどのようなはたらきかけによって「自─他」の領域分化が可能になるかを探ることによって，教育的な支援のあり方についての示唆を得ることができます．「自─他」の領域分化が成立している場合は，モデルや構成プロセスの例示を見て，それを自分に取り入れようと試みる学習が可能な段階に入ったと考えることができます．

　二つめは，「たて」と「よこ」の二方向への構成（2次元構成）ができるかどうかを確認します．積木構成は，1歳後半にみられる積木を一列に並べる，

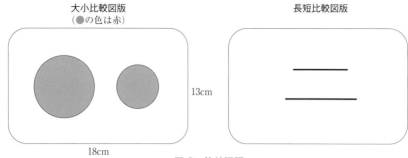

図2　比較課題

一列に積み上げるなどの一方向への構成（１次元構成），２歳初期の４個の積木で田型，凸型をつくる構成（対称的な２次元構成），２歳前半の〈トラックの模倣〉（非対称的な２次元構成），２歳後半の〈家の模倣〉（「間隔」をもった対称的な２次元構成），そして３歳からの〈門の模倣〉（「斜め」の入った対称的な２次元構成）という発達的順序で進んでいきます（**図1**）．

　三つめは，「見立てるもの—見立てられるもの」という対の関係を含む「意味」を検査者と共有できるかどうかを確認します．〈トラックの模倣〉に対して，４個の積木を一列に並べて「ブッブー」と走らせるなど，相手との意味の共有が積木構成に先行する場合があります．その場合，「運転手さんはここだよ」とモデルの運転手席を強調してみせたり，３個並べたところに「運転手さんを乗せてあげて」と言って４個目を渡すなどのはたらきかけをしてみて，非対称の位置に積木を置くかどうかをみます．同様に，〈家の模倣〉に対して，積木と積木の間に間隔を空けずに構成した場合，「あれ，ブーブーが通れないよ」と鉛筆をつけて見せ，間隔をつくる調整を行うかどうかをみます．見立ての力にはたらきかけることで，そのイメージに先導されて，モデルに合わせた２次元構成が可能になる場合があります．

2）比較課題

　２，３歳児の対比的な認識の広がりをとらえる課題として，「新版Ｋ式発達検査2001」に含まれる〈大小比較〉〈長短比較〉〈表情理解Ⅰ〉（「笑ってる—泣いてる」顔の対比）〈表情理解Ⅱ〉（「怒っている—喜んでいる—驚いている—悲しんでいる」顔の対比）〈性の区別〉〈重さの比較〉を実施します．

　〈大小比較〉〈長短比較〉では図版（**図2**）を呈示し，「どっちの丸が大きい

かな？（長短比較では「どっちの線が長いかな？」）大きい方（長短比較では「長い方」）を指で触ってね」と尋ね，指さしによって答えを確定するかをみます．利き手側を指しやすいので，大きい丸を利き手とは反対側に置くことから始めて，図版の左右上下の位置関係を変えても指しわけることに不安定さがみられないかを確認します．対比的な認識の中でも「大きい—小さい」は，自我の拡大期における要求と結びつきやすいので，早期に獲得されます．それに遅れて「長い—短い」が獲得されます．また，この課題には，対比的な認識の獲得だけではなく，比較して判断したことを選び取ることができる力が求められます．

　２歳初期には，ものに名称を付与する段階の特徴として，〈表情理解Ⅰ〉図版に「パパ」，〈大小比較〉図版に「まる」などと自分の知っている名称を答えるラベリング反応がみられます．名称のついたものの性質をものの違いを越えて認識できはじめると，〈大小比較〉で大きい方を指さすことができるようになります．ただし２歳前半では，図版の左右上下の位置関係が変わると指しわけることに不安定さがみられます．また，〈長短比較〉で「長い方はどっちかな？」には指さしに不安定さを示し，「大きい方はどっちかな？」と尋ねると長い方を指さすようすがみられます．２歳後半になると「大きい—小さい」から「長い—短い」の関係が分化して，〈長短比較〉が可能になる過程をとらえることができます．さらに３歳児では，対の関係をもった性別，重さ，表情など，いろいろな尺度において対比的な認識が分化し，拡大しているようすを確認します．

　ものの名称を答えるラベリング反応がみられる場合，「お父さんみたいに大きいのはどっちかな？　赤ちゃんみたいに小さいのはどっちかな？」と子どもにとってわかりやすい対の意味を関連づけて尋ねてみます．また，指さしに不安定さがみられる場合に，大きい方を尋ねてから「じゃあ，小さい方はどっち？」などと，もう一方との対比で意識させてみます．こうした教育的なはたらきかけは，子どもが外界を対の関係でとらえながら意味づけ，関係づけて理解して内面に取り込んでいく，対比的な認識の形成を支えることにつながると考えられます．

　次に，なっちゃんの，１歳から３歳にかけての比較課題に対する反応をみて

写真5
「ボール」と"おんなじ"
形の発見（1歳11か月）

写真6
どっちが長い？　に「これ」
と両方を指さす（2歳3か月）

写真7
"自分がやった"というこ
とに満足感（2歳3か月）

みましょう．1歳11か月のとき，〈大小比較〉図版を示して「大きいのはどっ
ち？」と尋ねると，なっちゃんは「ボール」と答えました（ラベリング反応）．
もう1度「大きいのはどっち？」と聞くと，大小を見比べずにすぐに「これ」
と利き手の方の丸を指さし，そして立ち上がっておもちゃの方に行ってしまい
ました．〈大小比較〉には関心が向かないようすです．おもちゃ箱の中から円
板を見つけると，戻ってきて「これ」と言いながら〈大小比較〉図版の大きい
丸の上に円板をのせました．"おんなじ"形を発見したようです（**写真5**）．

　2歳3か月になると，「大きいのはどっち？」に対しては，自信をもって
「こっちがおっきい」と指さします．図版を回転させて左右上下の位置を変え
ても，確実に大きい方を指さすことができるようになりました．3回施行後，
小さい丸を指さして「こっちは？」と尋ねると「こっちはちっちゃい」と答え，
「大きい」「小さい」の関係を確実に理解していることがわかります．ところが，
次に〈長短比較〉図版を提示して，「長いのはどっち？」と尋ねると，「こっ
ち」と言いながら両手を出して，長短の両方を同時に指さしました（**写真6**）．
2施行目は，利き手に近い短い線をなぞり，そこから長い線につなぐように指
を伸ばしていきます．3施行目も同様な指の動きを見せ，言葉では「こっち」
と言いながら，「長い」と考える方の一つを選び取ることができません．「長
い」「短い」の関係は，まだ分化していないことが見て取れます．それでも，
比較課題の最後には，"できた！"というように，自分からにっこり拍手をし
て締めくくりました（**写真7**）．2歳児にとっては，自分の答えが合っている
かどうかということよりも，"自分がやった"ということに誇らしさがあるよ
うです．

写真8
こっちで合っているかな？という目で検
査者をみる（3歳0か月）

写真9
「えっとなー，うーんと…」どっちが
"きれい"か迷う（3歳0か月）

　3歳0か月になると，「大小」「長短」の関係の理解が確実になってきます．ところが，わかっているはずの〈大小比較〉課題において，答えに2歳ではみられなかった"ためらい"がみられるようになりました．「どっちが大きい？」と尋ねると，指をさす前にちらっと検査者を見ます．また，指さした後も，検査者を見ます．自分の答えが本当に合っているのか，相手の期待に添うものなのか，検査者の反応をうかがっているようすです（写真8）．これら「大小」「長短」比較課題には「正答」がありますが，一方，正答のない比較課題に対しては，異なる反応が見られます．2001年に改訂される以前の「新版K式発達検査」には「美の比較」（3歳前半で50％通過率）という課題がありました．2人の女性の顔が描かれた図版を呈示し，「どっちのお顔がきれいかな？」と尋ねて選択させる課題です．検査として女性の美しさの判断に「正答」が設けられていることに倫理的観点から削除された課題ですが，子どもの視点に立ってみると，自分なりの価値判断を問う課題なので，特に「正答」があるわけではありません．この〈美の比較〉課題に対して，3歳0か月のなっちゃんは，「えっとなー，うーんと…」とどっちを選ぼうか，指を何度も二つの顔の上を行き来させて，かなり迷う姿がみられました（写真9）．正答のある「大小」「長短」比較の課題とは違って，検査者はどう見ているのかと顔をうかがうようすもありません．そしてようやく「こっち」と選び取った顔について，「どうしてそっちがきれいなの？」と尋ねると，「なんでってな，髪の毛がこんんやから」と自分なりの理由を述べていました．対をとらえ，その違いがわかって，自分らしい価値を選び取ることができはじめる3歳児の姿です．

3）描画

【自由画】

2歳前後から，「アンパンマン描いてー」のように，大人に描画を要求してくることがよくみられます．

1歳後半から2歳初期には，おとなの描画をなぞるような錯画や円錯画での接近がみられます（**図3**）．モデルを定位的になぞりながら，自分も描いているつもりのようです．やがて，2歳半頃に「自―他」の領域が分化してくると，おとなの描画とは別のところに「○○ちゃんの」描画をするようになります．

図3
定位的な描画によって，自分も描いているつもり（1歳10か月）
「ママ，アンパンマン描いてー」「クマ描いてー」と要求し，母が描くのを見ている．そして，「ほっぺ」と言いながらアンパンマンの上を，次に「おめめ」と言いながらクマの上をなぞるように円錯する．

2歳前半では，円錯画を基本とする描画に「○○ちゃん」「ママ」「おばけ」「たまご」などと意味づけが始まります（**図4**）．それは，そのとき，その場にいるおとなとの間にだけ共有される意味です．

2歳児の対比的な認識の発達は描画においても確認され，「はじめ―おわり」の関係をとらえた「線」を描くようになります．2歳後半になると「内―外」の関係をとらえた「円」，「たて―よこ」の関係をとらえた「十字」を描くようになっていきます．また，紙の「内―外」の関係をとらえることにより，紙からの描線のはみ出しがみられなくなっていきます．また，2歳半ころからは，円を描いて意味づけしたことを自分からおとなと共有しようとします．描画をはさんでおとなとの間に見立て・つもりが展開され，おとなといっしょに描画に意味づけたことが，また次の描画へとつながるようすがみられます（**図5**）．このようにこの時期の描画は，おとなとの共感的なやりとりの中で意味づけられ，そのことによってさらに描画とその意味が展開していくという特徴をもっています．さらに3歳になると，自我の充実と関連しながら，子どもにとって価値のある意味をともなって，円の内を充実させていくようすがみられます（**図6，図7，図8**）．そして，円の内の充実のうえに，次の4歳からの円の外への描画の展開へとつながっていきます．

図4　おとなに見てもらっていることを確かめながら描く（2歳2か月）

円錯の一つずつにサインペンの色を替えて，「パパ，もう一回，パパ，パパー（"見て"というように呼びかけ），ママ，ママー（"見て"と呼びかけ），Rちゃん（自分），おばちゃん，これ，おじちゃん，もう一回，おじちゃん，これ，おばあちゃん」と意味づけながら描いていく．

図5　描画をはさんでおとなとの間で見立て・つもりが展開（2歳4か月）

円を描いて「いちご，いちご食べてー」と，つかむふりをして父の口に持っていく．次に母に持っていく．「すっぱいけどおいしいね」と言われてにっこり．次に自分が食べるふりをして「いちご，おいしい」．もう一つ円を描いて，「いちご食べてみて」とまた食べさせるふり．「Rちゃんもいちごちょうだーい」と自分で食べるふりをして「おいしい」．小さい円を描いて「ちっちゃいいちご，ママ食べてみて」と食べさせるふり．さっき描いた円に「これ，Rちゃんのいちごだから置いとって」と言う．

【円模写・十字模写】

　円，十字のモデル呈示に対して，どのように模写を試みるか，取り組みのプロセスを分析します．まず，モデル図版を呈示し，「これと同じものを描いてね」と促します（例前）．モデル図版の呈示で描けない場合，紙の上にゆっくりと描いてみせてから，「○○ちゃんも描いてみてね」と促します（例後）．例前，例後ともに3回繰り返して描かせてみます．モデルとは分化して，モデルに応じた調整をしながら自分の描画をしたか，例前で描けたか，あるいは描画の例示によって描けたか，また，繰り返し描くなかで徐々にモデルに合わせた描画が可能になったか，あるいは描画が崩れていったかなど，調整のようすを

図6
自分にとって大切なものを円の内側に描き込んでいく（3歳2か月）
自画像と名前.「おめめ.もうひとつのおめめ.お鼻.お口.ほっぺ.まゆげ」そして「おっぱい」も顔の中に描き込む.「お名前も書いてね」の求めに,名前を言いながら"線"で表現して描き分ける.

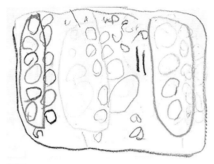

図7
描画における形態のできはじめ（3歳6か月）
【中央の描画】ガタンガタン,ガタンガタン.大型バス.【右の描画】今度は電車.ポッポー,ブッブー,ブッブー,はい.【左の描画】ポッポー,ポッポー,今度は貨物列車ちがってな,スーパーはくと.…【全体を囲む大きな円を描きながら】んとなー,しゅうてーん,しゅうてーん.よいしょ,よいしょ,よいしょ,はい,しゅうてーん（円を閉じる）.

時系列的にとらえることなどが観察ポイントになります.

4）言葉

　問いと答えの成立を確認し,会話の中から生活経験に根ざした語彙の広がりをとらえます.

【自分の名前・年齢・性別】

　「名前は何といいますか？」と尋ねます.姓を答えず,名前だけを答えた場合は,「何○○ちゃんというのですか」と重ねて尋ねます.次に,

図8
頭足人（3歳9か月）
「Rちゃん」（自分）と命名した後,メガネを描いて「ママ」と命名の変更.顔の中には,「帽子」,「メガネ」,「おっぱい」が描かれている.

「○○ちゃんはいくつですか,何歳ですか」と聞きます.言語性課題が苦手な場合や緊張などから言葉で答えられない場合は,「指で教えてくれるかな」と促してみます.続いて性別を尋ねます.性別についての認識が不確定な2歳では,記憶の新近性効果により,あとで聞いた方を答える傾向があります.そこで女の子の場合には「女の子ですか,男の子ですか」の順に,男の子の場合には「男の子ですか,女の子ですか」の順に質問します.

2歳3か月のりなちゃんへの問いと答えです．（何歳ですか？）「チョキチョ
キノ2サイ」（何組さんかな？）「アヒルグミサン」（りなちゃんは女の子？
男の子？　どっちかな？）女の子？　に首を横に振り，男の子？　にも首を横
に振って「チガウ！」（女の子？　男の子？　どっちかな？　とさらに尋ねる
と）「オトコノコ」（そうか，男の子かぁ）「うん」と頷きました．「チガウ」と
いう力強い言葉には，"男の子でも，女の子でもない，りなちゃんなんだ"と
いう主張が表われているように思います．このときのりなちゃんにとって，男
女のラベリングはあまり価値をもたず，それより"りなちゃん"であるという
ことが重要だということでしょう．にもかかわらず，おとながさらに選択を迫
ると，「オトコノコ」と答えています．こんなふうに，教育や保育の場におい
ても，おとなの期待に応えて選択せざるを得ない状況がつくられていることが
あるかもしれません．違いがわかって，子ども自らが自分にとって意味のある
価値を選び取っていく環境を保障していくことが大切ではないでしょうか．
「お腹がすいたらどうする？」など，さらに言語性の課題が続くと，相手の問
いに興味が続かなくなったりなちゃんは，机の上に足を出して掻きはじめ，そ
して「アソブッ！」と宣言して立ち上がり，おもちゃ箱の方へ行ってしまいま
した．このように，問いと答えの関係の中に，自我の育ちを垣間見ることがで
きます．自己と他者が分化し，"自分というもの"が形成されていくプロセス
を，質問に対する答えや相手とのやりとりの中で発揮される自我の姿から見て
いきます．

【了解問題】

　〈了解Ｉ〉（新版Ｋ式発達検査2001），①空腹：「お腹の空いたときには，どう
したらいいですか？」，②睡眠：「眠たいときには，どうしたらいいですか？」，
③寒さ：「寒いときには，どうしたらいいですか？」，を実施します．これは，
「今ここ」の場を離れた一般的な状況を言葉で理解して，その解決方法につい
て言葉で答えられるかを問う課題です．

　保育園3歳児クラスの6月（2歳後半～3歳前半）と10月（3歳前半～3歳
後半）の3人の事例を**表1**に紹介します（小野塚，2009）．

　3歳前後には，たとえば，課題①空腹，に対して，「いやだ」「お腹すいてな
い」など，一般的な状況について答えずに，今の自分のことを言う場合があり

表1　3歳児の「了解Ⅰ」に対する答えの変化

(小野塚，2009)

事例	課題	3歳児クラス6月	3歳児クラス10月
No.1	①空腹	いやだ	食べる
	②睡眠	寝る	寝る
	③寒さ	布団かけて寝る	部屋の中に入る
No.2	①空腹	おじいちゃんと散歩する	いただきますって言って食べる
	②睡眠	お父さんの腕で寝る	おばあちゃんにかいかいしてもらって，○○ちゃんが寝たらおばあちゃんが新聞を読む
	③寒さ	一生懸命穴を掘って春を待つ	ジャンバー着る
No.3	①空腹	包丁で切る	土食べる
	②睡眠	わからん	寝ない
	③寒さ	雨が降るけ寒いだん（雨が降るから寒い）	ジャンバー着ん

ます．あるいは，課題①空腹，に「包丁で切る」ことを，③寒さ，に「春を待つ」ことや「雨」を連想して答えるなど，適切な解決方法を述べることができない場合でも，生活経験の中から自分なりの対のイメージをつくりながら言葉を内面化していることがうかがえます．また，答えの中に，子どもの日々の生活経験を読み取ることができます．さらに3歳後半になると，課題②睡眠，に「寝ない」，③寒さ，に「ジャンバー着ん」と答えるなど，簡単な質問にはわざと反対のことを言ってみる，誇り高い3歳児の自我の特徴が現れています．

　このように，豊かな生活経験と人間関係の中で自我を発揮しつつ，子どもらしい対の世界をつくりながら，言葉が育ってきているようすを把握します．

3　2〜3歳ごろの教育指導の方法

（1）生活の中の発見を大切にして，「見立て・つもり」を豊かに育てる

　歩く力が増して，活動範囲が広がる2，3歳児です．散歩では，階段の上り下り，高いところからのジャンプ，斜面へのよじ登りなど，新しい挑戦を始めます．友だちといっしょだと「ジブンも」といっそうのがんばりを見せ，やりきったことに満足感をもちます．全身を使って挑戦したくなるような起伏に富んだ空間が生活の中にあることが大切です．

　外界への感受性が高まる2，3歳児は，草花や虫，変化する水や砂，風など，自然の中のいろいろな新しい発見に心を躍らせます．クラスで繰り返し読み聞

かせをしてもらった大好きな絵本の中のイメージをそれらに重ねて，見立て・つもり遊び，ごっこ遊びへとつなげていくことができます．たとえば，散歩で見つけた木の穴をきっかけに，絵本に描かれていたおばけの世界の想像をふくらませ，イメージを言葉にする，なりきって身振りで表現する，歌を歌う，保育士がおばけ役になって追いかけっこ遊びをするなど，保育士に援助してもらいながら，みんなでワクワク感を共有した遊びを展開できます．その楽しさは子どもの「もっとやってみたい」という思いをふくらませ，よりいっそう，「つもり」をもった主体として，外の世界を生き生きと探索し，そこにはたらきかけていくことを促します．

このころは，紙を折ることやハサミで切ること，粘土を丸めることやナイフで切ること，描画など，両手で素材を変化させ，道具を使って加工した作品を作ることもできはじめます．そして，できあがったものを自分の知っているものに見立てて，意味づけをします．意味づけは作ったり描いたりする過程で，たとえば，「おばけ」が「まんじゅう」に変化したりします．自分でやり直したり，そのことでまた新しいイメージが生まれることを楽しめる，自由度の高い活動を保障していきます．

このように生活の中にある自然物や，絵本，音楽，おもちゃなどの文化財，変化する素材と道具などの魅力によって「見立て・つもり」が引き出されます．また，それをさまざまな表現活動につなげていくことのできる時期です．自分の「つもり」を活動を通して実現できたという手応えは，「大きい自分」の実感につながっていくことでしょう．子ども自らが「つもり」を豊かに展開していけるような，子どもの心が動く環境構成とはたらきかけが求められます．

（2）「違い」がわかって，自ら選び取ることのできる自我を育てる

2，3歳頃は，生活経験を通して外界をいろいろな対の関係でとらえながら理解し，内面と表現を豊かにしていく時期です．そして，自分はあっちよりもこっちがいい，こっちをもっともっとと，対の関係の一方に自我を関与させて選択し，重みづけていきます．また，「自分にはたくさん」を最大に重みづけることで，もう一方の「相手には少し」を知りわけていきます．発達に課題のある子どもたちの中には，こうした「自分のつもり」が弱い場合がみられます．

対の中の「違い」がわかって自ら選び取っていきたくなるような，子どもの心が動く豊かな経験をつくっていくことが求められます．また，子ども自らが選び取る力を育てるためには，子どもが「どっちにしようか」と考えて選ぼうとする「間」を保障するようなおとなの関わりも大事です．子どもにとっては自分で選び，自分で重みづけることに価値があるのに，おとなから「…しなさい」と自主的な選択が阻まれたときには「いやー」と激しい抵抗を示します．「自分でしなさい」と自立を急がすのではなく，子どもの「ジブンでする！」という思いを大切にして，自分でできることのうれしさ，楽しさを実感できる経験を積んでいきたいと思います．おとなは「ジブンでする！」プロセスを見守り，援助を求めてきたときには力になりながら，自分でできたことをしっかりと認めてあげることが，自分で考えて選び取ることのできる主体性を育んでいきます．

　自我の拡大期には，「お母さんの」，「お父さんの」，「○○ちゃん（自分）の」と意味づけられたお皿に，「みんなにおやつを分けてあげてね」と入れ分けのお手伝いを求めると，自分のお皿に「たくさん」入れるようすがみられます．そこで配分後，「『いっぱい』は誰のかな？」「お母さんのは？」「お父さんが『もっと』ちょうだいって言ってるよ」「赤ちゃんにも分けてあげて」「おばちゃんにもちょうだい」などと言葉で揺さぶってみます．「○○ちゃんの」領域をしっかりと認めたうえで，相手の意図や要求に気づかせ，相手と調整したり，気持ちを配っていく場面をつくります．生活や遊びを通して楽しさを共感し，安心できる人間関係が結ばれていくなかで，自分の領域が尊重されている実感をもつとともに，相手に分けてあげる，譲ってあげるなど，自分にとって大切な相手の領域も尊重していくようになります．すなわち，自我の充実へとつながっていくのです．

（3）他者との関係の中で「大きい自分」への誇りを育てる

　2，3歳児の「ジブンもやってみたい」という思いは，他者との関係の中で育っていきます．遊びの中では，お母さんごっこ，保育園ごっこ，お医者さんごっこなど，生活を再現するごっこが展開します．身近なおとながやっていることがとても魅力的で，自分も同じことをやってみたい憧れをもちます．お手

伝いも張りきってしてくれます．「…シテカラ…スル」という２段階の手順を基本にモデルを例示すると，それを自分でも試みることができる年齢です．たとえば，洗濯物を「ここをそろえてから，たたんでね」と見せてあげると，いっしょに畳むのを得意げにお手伝いしてくれます．そして「○○ちゃんのパンツ．お母さんのエプロン．お父さんのシャツ．…△△ちゃん（保育園の友だち）といっしょの（靴下）」など，この年齢段階らしい言葉をきっかけに，いっしょに畳みながらの対話が生まれたりします．家族への気持ちや生活経験を折り込みながら，楽しくお手伝いをするなかで，家族の一員としてこんなことができるようになった「ステキなジブン」を実感していきます．また，保育園の友だちといっしょなら，散歩で急な坂を登りきる，給食で嫌いなものを食べてみるなど，ちょっと難しくてがんばりが必要なことにも挑戦する姿が見られます．家庭では見ることができないがんばりを，保育園では見せることもあります．家庭とは異なる人間関係の中で，「ジブンもやってみたい」ことの新たな願いが生まれ，そして自分でやりきったことに大きい自分を感じて満足します．このように，子どもが新しいことへ挑戦しようとする「つもり」を育む土壌として，家庭と保育園・学校，地域といった質の異なる同年齢，異年齢の集団を保障し，豊かな人間関係をつくることを支援していくことが大切です．また，何かをやってみた後は，必ず大好きなおとなに「見て，見て」と求めてきます．その思いを「大きいお姉さん（お兄さん）みたいだね」といっしょにとらえ返して，認めてあげることで達成感が得られ，大きくなった自分への誇りをもつことができます．さらに，やったことにおとなが意味づけをしてイメージをふくらませてあげると，子どもの「つもり」はさらに展開していきます．

　対の関係のとらえが広がるこの時期は，「できる」自分と「できない」自分を感じはじめるころでもあります．大きい自分になりたいけれども，できない自分を感じすぎると，新しいことへ挑戦することに尻込みしてしまうことがあります．子どもの内面の揺れに寄り添って励ましながら，大好きなおとなや友だちとの関係の中で「大きい自分」を実感できる場や活動を保障し，生き生きと前向きに挑戦する３歳児の誇り高い自我を育てていくことが大切です．それが次の４歳児の自制心の形成へとつながっていきます．

文　献

生澤雅夫・松下裕・中瀬惇編（2002）新版K式発達検査2001実施手引書．京都国際社会
　　福祉センター．

神田英雄（2004）伝わる心がめばえるころ——二歳児の世界．かもがわ出版．

小野塚奈津子（2009）3歳児保育を楽しもう！——意欲的に生活できる姿をめざして．
　　鳥取大学地域学部・鳥取大学生涯教育総合センター編，鳥取県保育リーダー養成中堅
　　保育士長期研修報告書（第6期生），pp.31－48．

心理科学研究会編（2000）育ちあう乳幼児心理学．有斐閣．

白石恵理子（1989）二歳．荒木穂積・白石正久編，発達診断と障害児教育．青木書店，
　　pp.113－140．

田中昌人・田中杉恵（1984）子どもの発達と診断3　幼児期Ⅰ．大月書店．

田中昌人・田中杉恵（1986）子どもの発達と診断4　幼児期Ⅱ．大月書店．

寺川志奈子（2019）2歳児のねがい　ふくらむ自我．みんなのねがい，635，pp.6－8．

5章　4歳の質的転換期の発達と発達診断

藤野友紀

1　4歳の発達的特徴

　身辺自立が一段と進み，友だちとの関係が広がっていく4歳ごろの子どもたち．「イッチョマエ」意識の強い「なんでもできる」「自分が一番」の3歳の時期から少し脱皮して，自分を振り返ったり周りが見えてきたりする年齢です．4歳の時期の子どもは，保育所や幼稚園の年齢別クラスでは3歳児クラスまたは4歳児クラスに所属します．幼稚園の3歳児クラスといえば3年保育の初年度にあたり，メンバーの大半は初めて集団生活を経験する子どもたちで構成されます．また，保育所の3歳児クラスは，それまでとはクラスの構成人数や保育士の配置基準が大きく異なり，「（3歳）以上児クラス」や「幼児クラス」と呼ばれて，生活の流れや部屋の割りあても4歳児クラスや5歳児クラスと近いものになります．つまり，日本の現代の保育制度のもとでは，4歳の時期は，家庭保育から幼児教育へ，あるいは乳児保育から幼児保育へという，大きな環境の変化を経験する年齢だといえるでしょう．

　発達的な観点からも，4歳ごろは質的転換期であると理解されてきました．一般的に3，4歳で語彙量が大きく増え，文法も習得して体験を語れるようになります．会話のルールも身につけ，なぞなぞなどの簡単な言葉遊びも楽しむようになるでしょう．「赤ちゃんのころはどうだったのか」「大きくなったらどうなるのか」など，現在だけではなく過去や未来にも目を向けた発言が聞かれることもあるかもしれません．おとなとの間だけでなく，子ども同士でも会話を楽しむようになり，友だちと遊ぶことが増えます．こうして日々経験を積んで社会的行動が豊かになっていきます．自分の主張と相手の主張がぶつかる場

面，ケンカや仲直りといった具体的な状況におけるさまざまな経験を通して，相手の意図や気持ちに気づき，自分の感情を調整することに慣れていくのです．

　発達心理学の領域で進められてきている「心の理論（theory of mind）」研究では，4歳ごろから他者の行為の背後にその人の「思考」や「信念」があることを理解し，その認識に基づいて他者の行動を予測したり解釈したりしはじめることが明らかになっています．もちろん，4歳になったら自動的にそうなるというわけではありません．友だちやおとなとの日々のやりとりのなかで，自分の思いが通らなかったり，誤解をしたり，逆に誤解をされたり，そして言葉でのコミュニケーションを通してそれらがうまく解決したり，といった経験を積むなかでだんだんと他者の「心」が理解できるようになっていくと考えられます．

　さて本章ではこの4歳ごろという年齢時期の発達的特徴を，全身運動，手指操作，言葉，自我などの諸側面の発達の「核」となる活動スタイル（心理的システム）を中心にとらえていきます．保育や教育と結びつけて発達をとらえようとする際には，要素的な諸々の機能に帰せられない発達の質を見つめる必要があるからです．日々を生きている子どもの姿は多様であり，特に障害をもっている場合には特定の機能に苦手さやもつれが見られることが少なくありません．要素的な諸機能にはたらきかけるのではなく，それらの諸機能をまとめあげている，その子の全体的な活動スタイル（心理的システム）を丸ごと視野に入れることが，保育・教育的な指導を考えるうえで有効であると思われます．

　以下では，発達の諸側面に通底する発達の質の生成を理論化した「可逆操作の高次化における階層―段階理論」（田中・田中，1986）に基づいて，4歳ごろの発達的位置と発達的特徴を述べていきます．

（1）4歳の発達的位置

　子どもは乳児期前半の階層（生後第1の発達の階層），乳児期後半の階層（生後第2の発達の階層）を経て，1歳半ばごろの飛躍的移行期から幼児期の階層（生後第3の発達の階層）に足を踏み入れます．幼児期の階層には，それぞれ異なる発達的特徴をもつ三つの発達段階があります．おおむね，第1の発達段階は1歳半ばごろ，第2の発達段階は4歳ごろ，第3の発達段階は7歳ご

ろに見られる発達の質を表しています．第2の発達段階の発達の質は「2次元可逆操作」と呼ばれ，通常の場合，3歳後半ごろから4歳前半ごろの1年ほどをかけて獲得されていきます．もちろんそれは4歳になって急に発現するものではなく，先行する発達段階に生成の前史があります．

　幼児期の階層の第1の発達段階（1歳半ばごろ）に「…デハナイ…ダ」という活動スタイルを獲得すると，子どもは事象を多面的に見ることができるようになり，「大きい―小さい」や「たくさん―少し」など，事象の状態や性質を関係的にとらえはじめます．これを「2次元の形成」と言います．そして2次元の形成がさらに進むと，「お水は冷たい―お湯は熱い」や「昼は明るい―夜は暗い」など，事象と事象の関係についても認識を深めていきます．こうして2，3歳ごろに豊かに刻まれてきた2次元の形成を土台にして，4歳ごろの2次元可逆操作の獲得が始まるのです．2次元可逆操作とは，2次元の一方と他の2次元の一方を結びつける活動のスタイルのことを指します．具体的には，「…シナガラ…スル」とか「…ダケレドモ…スル」といった形の活動スタイルとして表現できます．

　2次元可逆操作の獲得過程は，この活動スタイルがさまざまなレベルの発達に組み込まれていく過程であると言えます．では，全身運動の発達，視覚などの感覚と協応した手指操作の発達，言葉の発達，自我の発達の側面から，2次元可逆操作の発達的特徴を概観してみましょう．

（2）全身運動の発達

　3歳を過ぎてくると身体の重心制御がしっかりしてきて，三輪車をこぐ，ブランコをこぐ，鉄棒にぶらさがるなど，不安定な姿勢でもバランスをとって調整することができるようになります．散歩の距離や時間も延びて，坂道や砂の上など抵抗が含まれた場所もしっかりと歩ききります．そして，このような活発で躍動的な運動を繰り広げる時期を経て，4歳ごろにはケンケンやウサギ跳びなど，異なる二つの動作を一つに統合させる新しい活動に挑戦しはじめるようになります．ケンケンを例にとれば，ケンケンができるためには，「片足を上げる」という動作と「前に進む」という動作を結びつけて，自らの運動を制御することが必要です．すなわちケンケンには，「片足を上げる―下げる」と

いう2次元の一方と,「前に進む―進まない」という他の2次元の一方を結び
つけた,「片足を上げナガラ前に進む」という2次元可逆操作の活動スタイル
が含まれているのです.

　「…シナガラ…スル」の活動スタイルは,日常生活における全身を使ったほ
かのさまざまな活動につながっていきます.たとえば,5～6歳ごろには,手
でしっかり身体を固定しながら足を上に移動させて棒を登る,雑巾を床に押さ
えつけながら前に進んで床ふきをする,走りながらボールを蹴るなどの姿が見
られるようになります.これらの活動が,おとなや仲間にあたたかく見守られ
るなかで,共通の目標をめざして励ましあい,目標を達成した満足感を共有す
ることと結びついていくことによって,子どもの社会性はさらに広がっていき
ます.

（3）手指操作の発達

　異なる二つの活動を制御して「…シナガラ…スル」と一つの新しい活動スタ
イルにまとめあげるようすは,手指の動作や道具を使った活動にも見られます.
歌に合わせて指を順に1本ずつ立てていくような手遊びや,手指でキツネなど
の形をつくる影遊びはその一例でしょう.また,片手に紙を持って支えながら
もう一方の手に持ったハサミで形を切り抜いていくとか,片手で野菜を押さえ
ながらもう一方の手に持った包丁でその野菜を切るという活動もそうです.

　「…シナガラ…スル」の活動スタイルを獲得してこうした動作が可能になっ
てくると,素材と道具を使った活動はより継続的で複雑なものへと変化します.
粘土であれば細かくちぎって丸めて竹串に刺したり,描画であれば描線を見な
がら鉛筆の方向を制御して三角や四角を描いたりできるようになります.紙や
紐などの制作材料も,切って貼り付けたり巻いてつなげたりしてさまざまに変
形させることが可能になります.このように素材を思い通りに多様に変形させ
る技量がついてくることと並行して,子どもに「つくる」意図が広がってきま
す.複雑な制作動作ができることによって制作意図が広がり,また逆に制作意
図が広がることによってその意図に合わせた動作の調整が行われるという循環
の中で,意図と見通しをもって制作する力が蓄えられていくのです.自分が作
ったものを「作品」と見なすようになるのもこの時期です.

（4）言葉の発達

3，4歳ごろは語彙数が飛躍的に増える時期で，一般に4歳ごろには語彙数は1,500語から2,000語に達すると言われています．単に語彙数が増えるだけではなく，この時期の言葉の発達には新しい変化が現れてきます．一つは言葉の内容によりいっそう注意を向けるようになることです．たとえば，絵本の読み聞かせのときにはストーリーの展開を楽しみにしているようすが見られますし，日々の生活の中では「…をもってきて配ってね」「…に…を渡してね」といった言葉による言いつけを守ってお手伝いができはじめます．二つめの変化は，自分の過去の出来事を語れるようになることです．「昨日ね，みんなでバスに乗ってリンゴ狩りに行ったときに，リンゴが高いところにあって届かなかったから，先生がお兄さんにお願いして取ってもらったんだよ．それでね，みんな1個ずつリンゴを買ったんだよ」などと，その出来事が起こった時間と場面をとらえて，自分の経験として他者に語ります．おとなになって思い出せる人生の最初の記憶は4歳前後であることが多いと言われますが，これは自分が体験した出来事を言葉で整理して自分の経験にする「自伝的な語り」がこの時期に獲得されるからだと考えられています．三つめは，相手の質問の大意をとらえられるようになり，それに対して自分の経験を思いめぐらせながら一所懸命に答えようとすることです．「もしお散歩の途中で雨が降ってきたらどうする？」といった仮定の質問に対しても，過去に雨降りに遭遇したときのことや自分のお気に入りの傘やカッパのことを語りながら，じっくりと答えてくれます．このように自分の生活を言葉でうまく表現できるようになってくるにしたがって，子どもの生活や思考における言葉の役割はますます大きくなっていきます．

言葉やイメージの発達にともなって，想像的な遊びにも重要な変化が現れます．想像的な遊びの代表格といえばごっこ遊びですが，3歳ごろから子どもは運転手さんやお母さんなど何かの役になりはじめます．運転手さんになったつもりで電車を運転するふりをしたり，お母さんになったつもりで鍋に積木を入れて料理をするふりをしたりします．「運転手さんとはこういうもの」「お母さんとはこういうもの」というカテゴリー的な認識をもとに，そのイメージを行

為で表すことができるようになるのです．しかし，3歳ごろのごっこ遊びでは役同士の関係はあまりはっきりしたものではなく，役もしっかり継続するとは限りません．それぞれが自分の好きな役を好きなように演じた結果，何人ものお母さんが乱立する状況が生まれたり，運転手さん役の子が気分次第で乗客になるため無人運転の電車になってしまったりということも珍しくありません．これは，3歳ごろの子どもたちがまだ全体としての遊び場面のイメージを共有していないことの表れです．

それが2次元可逆操作の獲得とともに，ごっこ遊びの様相にも変化が生じてきます．保育者などおとなに助けられながら，お母さん役，お父さん役，お姉さん役，赤ちゃん役，お店屋さん役などの役割を分担して，それらしいやりとりをしはじめます．4歳も後半になると，誰がどの役をするかということ，遊びに使うものや場所をどのように意味づけるかということについて，遊びのはじめに言葉で約束を交わすようになるでしょう．また，遊びの中で展開される出来事の順序や行為の適切さなどについても注意を払うようになり，最初に決めた役が相談や報告もなく変わったりすることはほとんどなくなります．これはごっこ遊びを楽しむ子どもの関心が，ごっこの行為そのものから文脈の変遷やストーリーの展開へと移ったことを示しています．ここに到って，子どもは想像上の世界を他者とともにつくりあげることが可能になるのです．

（5）自我の発達

1歳半ばに誕生した自我は，2歳から3歳にかけて拡大そして充実していきます．3歳ごろには「…シナガラ…スル」と二つの活動を一つにまとめあげることへの挑戦が始まり，4歳ごろにはさまざまな活動場面で「…ケレドモ，…ケレドモ」と粘り強く挑戦するようになります．その過程の中で具体的にどのような姿が見られるでしょうか．

3歳から4歳ごろの子どもは，現在だけでなく少し前の過去や少し後の未来も含めた時間的認識が生まれ，イメージがつく直近の予定であれば具体的に理解でき，それを楽しみにする気持ちが素直に表現されます．ただ，場面の切り替えが苦手なために，楽しみにしていたにもかかわらず出会いの場ではモジモジして下を向いたり，親の背中に顔を埋めたりする姿が見られるかもしれませ

ん．でもそれは少しの間であり，時間がたって慣れてくると本領を発揮して遊びはじめることでしょう．

　おとなと同じようにやりたいとお手伝いに挑戦し，新しいことができるようになった自分を誇らしく思う気持ちが出てきます．自分一人で全部やろうとして，少しでも手伝おうものなら激しく怒って最初からやり直したりもします．自分よりも小さい子や人形をかいがいしく世話する姿，小さい子になら我慢して譲れる姿も見られはじめます．

　大きくなった自分が誇らしい半面，まだ甘えたい気持ちもあります．誇らしい顔で洋服を自分で畳み「お姉さんだからきれいに畳めるんだよ」と言っていたかと思えば，冗談半分に「バブー，バブー」と赤ちゃんのふりをして抱っこを求めてくるなど，自立と依存を行ったり来たりする心情もまたこの年齢時期のリアルな姿です．

　相手の意図や表情，動作に注目し，それを状況と結びつけて理解する力が高まるがゆえに，相手からの評価に敏感になる側面があります．親や保育者など周囲のおとなの要求や期待に応えてほめられたいと思う気持ちが強く，自らを励ましながらねばり強くがんばる姿が見られることもあれば，反対に，その期待に応える自信がないときにはオドオドした態度になったり，わざとふざけてその場を壊そうとしたりすることさえあります．周囲のおとなにほめられたことは誇りにつながり，叱られるようなことをしたときにはわが身を振り返って恥ずかしいという気持ちが芽生えてきます．このようにしてこの時期の子どもは，おとなの期待や評価を自分の行動の指針にして社会的な感情を豊かにしていきます．

　また，3歳ごろと比べて自己主張に変化がみられるようになります．3歳ごろは言葉での自己主張が盛んになる時期で，往々にして一方向的に激しく自分の要求を主張することから，「反抗期」とか「あまのじゃく」と呼ばれたりします．しかし，2次元可逆操作の獲得が進む4歳ごろには，相手と自分の主張が対立する場面において，他者の意図や主張も理解したうえで，「だって…だから」と落ち着いて自己主張するようになり，場合によっては自分の要求を調整します．ここにも「自分の気持ちを整えナガラ相手を受け入れる」，「自分の手元に注意しナガラ相手の手元にも気を配る」といった「…シナガラ…スル」

の活動スタイルを見出すことができます.

　自己と他者の関係において「自分の気持ちを整えナガラ相手を受け入れる」という活動スタイルを取り入れることは，自制心の形成につながっていきます.この活動スタイルを基本にもつことにより，自己と他者との葛藤状況の中で立ち往生するのではなく，他者の主張を理解したうえで自分の主張を調整し，その葛藤状況を動かしていこうと試みるようになるからです.そして，そのような経験を積んでいくなかで，「さみしいケレドモお留守番する」「もっとブランコに乗っていたいケレドモ友だちと交代する」といった，少し質の異なった自制心も生まれてきます.すなわち，「さみしいからお留守番したくない」「もっと乗りたいから交代したくない」という正直な気持ちに対して，自分の内面で「…ケレドモ」と自制しつつ，「さみしいケレドモお留守番する」「乗りたいケレドモ交代する」と，こうありたい姿に向けて自分を励ましつつ，新しい活動に挑戦していくようになるのです.さらには「今回はできなかったケレドモ今度はこうしてみよう」というように，過去の自らの経験や周囲のおとなの期待を心の支えにして努力を続けていこうとする姿も見られはじめます.

　このように「…ケレドモ」と自己の内面で懸命に調整し努力した過程は，それを親や保育者など周囲のおとなに認めてもらうことによって子どもの中に堆積し，子どもの自己に対する信頼感を育んでいきます.しかし他方で，自制心を獲得していく時期の子どもは葛藤も多く抱えています.がんばって力を発揮して認めてもらいたい，でもできなかったらどうしよう，でもがんばらなくちゃ…と揺れる心が，おとなの前では強がりや甘えとなって現れ，聞きわけのない姿に映ることもあります.がんばって「お兄ちゃん・お姉ちゃん」として振る舞おうとしたのに，その心の中でのがんばりを認めてもらえないと，大泣きしてしまうこともあります.また，そういう心の揺れが大きくなる場面では，髪の毛や鼻の穴をいじったり指をしゃぶったりという「くせ」が顕著に見られます.まわりのおとなにしてみれば，少ししっかりしてきたのにどうしてと感じられるかもしれませんが，この葛藤の姿は子どもが自制心という新しい力の獲得に向かいはじめた，輝かしいシグナルでもあるのです.

2　発達診断の方法

（1）発達診断の視点

　4歳ごろの発達診断の基本は，2次元可逆操作の獲得とそれに結びついた自制心の形成のようすを見ることです．これまでの発達の過程で2次元の形成が豊かになされてきたかどうか，自制心の基礎となる自我が充実してきているかどうかを吟味したうえで，机上の課題のみではなく多様な場面を通して，2次元可逆操作の獲得と自制心の形成のようすを確認していきます．

　第一の観察場面は，出会いの場面および課題に取り組みはじめるまでの過程です．新奇な場面や慣れない他者に対して期待や不安の入り混じった表情を示し，「やってみたい」「できるところを見せたい」という気持ちと，「できなかったらどうしよう」という気持ちがぶつかり合って妙に萎縮したりはしゃいだりするのは，この時期に特有の自我の姿であると言えるでしょう．このような子どもの姿をしっかりと受けとめたうえで，子どもの意欲や誇りが十分に発揮されて充足感を得られるように，個々の状況に応じて課題の順番や提示の方法を工夫します．

　第二は日常の生活や遊びの場面です．友だちとの間にいざこざが生じたときのようすを直接観察するか，あるいは親や保育者など身近な大人から聞き取ります．どのように自己主張するのか，相手の主張は理解しようとするか，どのように解決していくかに留意して，自分を押さえ込むのでも押し通すのでもなく，自分と他者の葛藤状況を調整しようとする兆しがみられるかどうかを確認します．また同様に，お手伝いや当番で自分の役割を果たすことに喜びを感じているか，集団の中で自らの行動の意義を実感して自信や誇りにつながるような活動を十分に経験できているかも確認します．遊びについては特に，友だちとイメージを共有して遊べているか，ごっこ遊びに役やストーリーが芽生えているかどうかを確認します．

　第三は課題遂行場面です．全身運動，手指操作，言葉の諸側面において，「…シナガラ…スル」の活動スタイルを取り込んで，自らの活動を制御していこうとする姿が見られるかを丁寧にとらえていきます．次項では2次元可逆操

作の獲得状況を確認するための代表的な課題について紹介していきますが，いずれの課題においても発達診断をする側は，単にモデル通りにできたかできないかという結果だけで判断することは慎まなくてはなりません．モデルを手がかりにして「…シナガラ…スル」の活動スタイルをどのように発揮して活動を展開していったのか，難しい課題や困難な場面に挑戦する際に「…ケレドモ…スル」と自らを励ます姿勢がどのように見られたのかといった観点から，課題遂行のプロセスこそをしっかりととらえるようにすることが大切です．

（2）発達診断の実際

1）全身運動の制御

　全身運動のレベルにおいて「…シナガラ…スル」という継続的な運動制御が獲得されていくようすを，片足跳び（ケンケン）の課題でみます．2次元可逆操作獲得前には，挑戦する意欲はあっても，前に跳ぼうとすると上げていた足が下に着いたり，少し進むと両足が着いてしまったりしていました．それが2次元可逆操作を獲得してくると，「片足を上げる─下ろす」と「前に進む─止まる」がわかってきて，片足を上げながら前へ進むことができはじめます．このように全身運動を制御しながら2次元の一方と他の2次元の一方を結合させて新しい活動をつくり出していくようすを確認します．

　子どもが萎縮せずに力を発揮できるような場所や状況を選んで，スタート地点から5mぐらい先にゴールを設けます．まずおとながモデルを示してから，「ヨーイドン」と遊び的な雰囲気の中で子どもにも試行を促します．利き足だけではなく，順に左右両側とも行うようにします．

　観察点としては，①左右どちらから始めても，同じような水準で5歩以上できるか，②途中でバランスが崩れたり足がもつれたりすることなく，リズミカルに片足で進んでいくか，③モデルを見て修正しようとしたり，周囲の人を励みにして取り組むなど，楽しみながら課題に挑戦し，力を発揮したことに満足感を得るか，の3点が挙げられます．2次元可逆操作を獲得した4歳後半ごろには，これらの確かさをもったケンケンが見られるようになります．

2）手指操作の制御

　手指操作のレベルにおいて「…シナガラ…スル」という制御が獲得されてい

①手を見つめ左右の交代ができるか自分で
確かめようとする

②ゆっくりとモデルに合わせて左右を交替
してみる

③続けて左右の交代ができるかを確かめる

写真　２次元可逆操作が始まったころの姿

くようすを，左右の手の交互開閉把握（踏切カンカン）の課題でみていきます（**写真**）.

　まず，「踏切カンカンしてみようか」と言いながら，向かいあって座った子どもの目の前で，左右の手を交互に開閉して見せます．そのあとは，おおむね以下のような手順で進めますが，子どものようすを見ながら適宜，手順の入れ替えや省略を行ってもかまいません.

　最初に「ほら，踏切カンカンだよ．カン，カン，カン，カン…」としっかりとモデルを見せ，「○○ちゃんもいっしょにやってごらん」とモデルといっしょに行うように促します．子どもが両手を前に出して準備の態勢に入ったら，子どものペースに合わせてゆっくりと「カン，カン，カン，カン…」と声かけし，モデルの開閉もそれに合わせます．子どもが声かけやモデルに合わせてできるようであれば，徐々にペースを速くし，その後またペースを落とします．こうして，スピードを変化させてもでき方に崩れがみられないかを確認します.

　続いて，「次は○○ちゃん一人でやってみてね」とモデルなしで行うように促します．開始がうまくいかないようであれば，子どもの声や手の動きに合わせて「カン，カン，カン，カン…」と声をかけて励まし，子どもが自分の声を出して調整するようになったところで

声かけを潜めて，子ども一人でできるかどうかをみます．そして，子ども一人でうまくできるようであれば，「では今度は私の声に合わせてやってね」と再び子どもの声に合わせて「カン，カン，カン，カン…」と声かけし，スピードを上げたり下げたりして速度変化を加えます．ここではモデルなしで言葉だけを頼りに交互開閉の調整ができるかどうかを確認します．

最後に，「今度は○○ちゃんが一人で黙ってやってみてね」とモデルも声かけもなしで行うように促します．この状況下でも子どもが交互開閉できるようであれば，しばらくようすを見てから「もっと速くしてみてね」「今度はだんだんゆっくりしてみてね」と指示し，調整の言葉なしで速度の切り替えができるかどうかを確認します．

2次元可逆操作を獲得する前では，両手を前に構えてモデルに合わせようとしても，左右の手が同時に開いたり閉じたりして，もつれてしまいます．両手を開いた状態から，片方の手にじっと注意を向けて閉じることはできますが，それを交互に切り替えて行うことはできません．2次元可逆操作の獲得が始まると，モデルの手と自分の手を見比べながら，声かけや自分の声を手がかりにして，もつれかけても自分を励ますように態勢を立て直そうとします．このような自分なりのペースづくりは，声かけの速度変化を加えられることによって崩れてしまいますが，それでも手を左右交互に上下したり前後に突き出したりして，交互開閉を持続させようとするでしょう．4歳後半になると，モデルがあるときよりは若干とまどいの表情を見せるものの，モデルや声かけがなくても一人で交互開閉ができるようになります．速度の切り替えに対しては，ときどき対応できずにもたつくこともありますが，速度を変化させようと努力する姿が見られはじめます．

3）記号の制御

【4数順唱】

「…シナガラ…スル」という2次元可逆操作をもとにした制御は，言葉のレベルにおいて「覚えナガラ聞く」「記憶を保持シナガラ再現する」ことを可能にします．その獲得のようすを4数順唱課題で見ていきます．

まず，順唱とはモデルの言った通りに繰り返すことであると理解してもらうために，より簡単な2数順唱から始めます．「今から私が言う通りにまねして

言ってね」と声をかけてから，数と数の間に１秒の間隔をおいて「５，８」「７，２」「３，９」など隣接していないランダムな数字をはっきり発音します．子どもが課題に慣れてきたら，次に３数順唱を３種類実施します．このときのモデルもまた，「７，４，１」「９，６，８」「２，５，３」など隣接しない数字を大小の規則性をもたせないようにランダムに並べたものを使用します．この後，４数順唱に進みます．ここでもモデルには「４，７，３，９」「２，８，５，４」「７，２，６，１」など意味が付与されないランダムな数字を選択します．モデルを示すときには，数と数の間に等しく１秒の間隔をおいて，平板なアクセントでニュートラルに発音するように留意します．

　３歳になったばかりでは，「４，７，３，９」に対して「９」とか「３，９」と答えるなど，直近に聞いたものだけを再現することが多く見られますが，２次元可逆操作の獲得が始まる３歳後半になると，「４，３，９」などと，最初と直近を再現することが多いでしょう．このような４数順唱において子どもは，「４，７」「３，９」というように，二つの単位に区分し，それをさらにつなげて記憶するという情報処理を行っているので，前半の単位の中の一つが欠落してしまうことがあるのです．２次元可逆操作の獲得が確かになると，欠落はなくなっていきます．

　このような短期記憶の課題は，日頃の言語的な情報をどのように処理して記憶しているかという，情報処理過程の容量を理解する手がかりになることもあります．

【数の認識（選択と概括）】

　数の認識においても，４歳ごろは大きな転換点を迎える時期です．２次元可逆操作の獲得以前の３歳前半では，三つまでの概括はできても四つ以上は「たくさん」という認識にとどまっていましたが，２次元可逆操作の獲得が進んで４数順唱ができはじめると，４以上の数の選択や概括が可能になります．概括とは物と数を一対一で対応させる数唱や数かぞえではなく，数えたものをひとまとまりの単位として認識し，「いくつあるか」を理解することです．これは「足す」「引く」「同じ」といった，のちに行われる概念操作を支える基本的な認識となります．こうした数の理解の発達のようすを，身近なものを使って，選択，概括の各側面からみていきます．

まず，子どもが手につかめるぐらいの大きさの積木10個（大きさのそろった
おはじきなどで代替してもよい）と，それが入る程度の大きさの容器を一つ用
意します．そして，机の上に10個の積木をバラバラに置き，「このお皿の中に
三つ入れてちょうだいね」と言って子どもに数を選択させます．子どもが戸惑
って何も入れない，あるいは3個ではない数を入れた場合には，「三つだよ」
と指を3本立てて3の数を示し，再びようすをみます．子どもが積木を入れ終
わったら「ありがとう，三つくれたのね」と受けとめます．それから積木を再
び容器から机の上に出し，同様にして順に6個，4個，8個を選ぶように言い
ます（学習効果が影響しないように，この順で問います）．それぞれの数を容
器に入れるごとに「ありがとう，いくつくれたの？」と尋ね，選択したうえに
それを概括できるかどうかをみます．

　3歳前半では，指を立てて「三つ」を示すと，それを見ながら入れますが，
手がかりがないと続けて全部を入れてしまいます．数を数えることはできはじ
めているのですが，それを一つの単位として概括することは難しいのです．

　3歳後半になると，「三つ」までの概括や選択ができるようになります．そ
れ以上の数では，容器の上に積木を運びながら，入れようか入れまいか躊躇し
たり，おとなの顔をうかがったりします．そうした後で，ふざけて全部の積木
を勢いよく入れてしまうこともあります．そこに，数概念がわかりかけている
のだけれどもまだ確信がもてない子どもの心が見えます．

　4歳前半ごろには「四つ」までの概括や選択ができはじめ，4歳後半ごろに
は10個以上の数も概括しはじめます．

4）表現活動

　2次元可逆操作を獲得しはじめると，素材と道具を使った表現活動に変化が
現れます．一つは，表現がより複雑に多様になることです．描画であれば「…
シナガラ…スル」という活動スタイルを土台にして，描線を見ながらペンの方
向を制御することができるようになります．その結果，四角や三角などの角や
辺のある基本形が描け，さらにはそれらの図形を並べたりつなげたりする表現
も生まれます．粘土であれば小さく切って丸める，伸ばす，巻く，つなげるな
ど，多様な表現を駆使して立体的な作品を作るようになります．

　もう一つの変化は，制作の意図が生まれてくることです．自分が描いたもの，

作ったものについてあとから命名するだけではなく，何を作ろうという意図に
もとづいて表現方法を選びはじめます．これら２点についての発達のようすを
子どもが普段から慣れている描画の課題で見ます．

　具体的な課題の説明に入る前に，この時期の子どもが描画で「人間」をどの
ように表現するかを少し前の年齢から時間軸に沿って大まかにみてみましょう．
２歳台に閉じた丸が描けるようになると，閉じた丸によって丸の「外」と
「内」が空間的に区分され，丸の「内」が何かに見立てられやすくなります．
「〇〇ちゃん（＝自分の名前）」「おかあさん」「おいも」など，その形を名づけ
ます．３歳ごろになって大きい丸と小さな丸が描き分けられるようになると，
大きな丸の中に小さな丸を描いて「顔」を表現することを楽しみます．さらに
円と線を描き分けはじめ，３歳後半ごろには「顔」から手足が出る「頭足人」
がよく描かれるようになります．そしてモヤシのような手足だったのが，４歳
ごろになると以前より手足が力強く描かれたり，線で腕の部分を，円で手の先
の部分を描き分けたり，さらには少し胴体が出てきたりもします．

　運動会や発表会，芋掘りやリンゴ狩りなどを経験した後に描く経験画では，
自分や大切な人たち，重要なものなどを紙いっぱいに表現してくれます．全体
の構図を考えながら描くというよりは，自分の心に印象深く残っているものを
表現していく過程を楽しんでいくでしょう．特にこの時期はおとなとの会話を
通して経験を振り返り，また，子どもが描きながら語る言葉をおとなが受けと
めることによって絵が生まれていきます．言葉と描画行為が結びついて展開さ
れるのが大きな特徴です．

　では発達診断場面で実施する描画の課題について紹介しましょう．まず，紙
とペン（あるいは鉛筆）を用意します．最初の１枚目は「何でも描きたいもの
を描いてね．〇〇ちゃんは何を描くのが好きかな」と言い，自由に描いてもら
います．子どもが描きながら話したことを丁寧に受けとめ，子どもの描く意欲
が高まるように配慮します．描き終わったらそれを尊重し，描いたものについ
て尋ねます．このような対話を通して，子どもの描画に「描きたいもの」とい
う意図が含まれ，それが言葉によって表現されているようすを観察します．

　子どもが自分の世界を描くことによって気持ちを解放してきたことを確認し
たら，２枚目の紙を出してモデルとなる四角形を描き，「これ，何かわか

る？」と尋ねます．子どもが形の名前を答えたらそれを受けとめて，「○○ちゃんも同じ形を描いてね」と言います．子どもの表現を「がんばったね」と受けとめながら，「今描いたものをよく見てから，もう一つ描いてくれるかな」と促し，同じ紙の上に四角形を描いてもらいます．同様にして三つの四角形を描かせた後で，「どれが一番上手かな，どこがうまかったですか」「うまく描けなかったのはどれですか，どこがうまくいきませんでしたか」と問いかけてみます．自分の描いたものを，モデルと比較しながら自己評価しようとする姿勢があるか，それを見つめながら，「もっと」上手になるように，表現を調整，修正しようとするかなどを観察します．

3　4歳の保育・教育指導を考える

（1）気持ちの揺れをありのままに受けとめる

　「誇り高き4歳児」と言うように，4歳ごろは自我の充実を土台として自制心を形成しながら，新しい世界に自分を羽ばたかせていく時期です．でも，同時にそれは気持ちが揺れやすい感受性豊かな時期でもあります．

　子どもは3歳も後半に差しかかると，衣服の着脱や食事，排泄といった身のまわりのことを一通り自分でできるようになります．できないことについては自分から周囲のおとなに手助けを求めますが，その場合でもすぐには援助を求めずに自分でやってみようとします．この「自分でできる」という自立の気持ちは，子どもの誇りにつながっていきます．しかし，本当に一人でがんばれるのはまだ先のことで，この時期の子どもは「自分でがんばる」という誇り高い気持ちと同時に「見ていてほしい」「手伝ってほしい」という気持ちも合わせもち，両者の間を行ったり来たりしています．

　また，相手の期待や要求を表情や動作から読み取るようになることから，「できるところを見せたい」という気持ちと「できなかったらどうしよう」という気持ちが相まって不安定な心情になったりもします．周りの友だちががんばっている姿を励みにして相当がんばる一方で，気持ちの糸が切れたようにおとなに甘えて依存してくることも多く見られます．家庭では，「オッパイちょうだい」とか「バブーバブー」と言い出して，親を慌てさせることもあるでし

ょう.

こうした気持ちの揺れに対して「自分でできるでしょう」「前にはできていたはずでしょ」とむやみに叱咤激励したり,「まだ無理だからいいのよ」と挑戦の芽をつみ取ったりするのは,自制心の形成を援助する方法としてふさわしくありません.教師・保育者には子どもの気持ちの一方のみに対処して解決を図るのではなく,両者の間を揺れ動いている子どもの状態をそのまま受けとめることが求められます.なぜなら,その揺れ動いている状態の中でこそ「…ケレドモ…スル」という2次元可逆操作を基本にもった自制心の形成が達成されていくからです.

子どもを何とか動かして教師・保育者の用意した土俵に引っ張り出そうとするのではなく,子どもが「…ケレドモ」と自らを立ち直らせていく時間と場所を十分に保障したうえで,子どもが新たな立ち直りの機会をつかむのを見守っていくこと,そして葛藤を伴いながらがんばっている気持ちを受けとめて,子どもが自身のがんばりに,良い締めくくりができるように支えていくことが大切です.

そのためには保育環境および教育環境に真のゆとりが必要だといえるでしょう.人的な資源を十分に保障するのはもちろんのこと,子どもに何でも早くできるようにさせるという表面的な「変化」や「成果」が保育実践や教育実践の目標にすり替わっていないか,常に自覚的になることが必要です.

（2）揺れを乗り越え自信と意欲を丁寧に積み上げる

「なんでもできる」「自分がいちばん」の一人前意識をもち,仲良しの友だちが好きで「いっしょにいたい」思いが出てくるのが3歳児でしたが,4歳児になると周りが見えるようになり,自分のことを外側から客観的に見る力がついてきます.「なんでもできる！」ではなく「ほんとうにできるかな？」と思いはじめ,「○○ちゃんのこと大好き！」だけでなく「○○ちゃんは私のことをどう思っているのかな？」という気持ちが芽生えます.3歳児のときの明るく根拠のない自信が揺らぎはじめます.

「なんでもできる」「なんでもまずやってみる」3歳児期の自信や意欲が,周りが見えるようになっていったん揺らぎ,そしてまた再構築されていくのが4

歳児期なのです．発達的に新しい段階に入ったがゆえに気持ちの揺れが現れて
くるこの時期は，揺れや葛藤をありのままに受けとめるとともに，子どもが自
信や意欲を新たに積み上げていくための具体的な手助けが求められます．

　挑戦したい気持ちはあるけれども，それをできる自分がイメージできないか
ら尻込みしてしまう．でも本当は挑戦したい．そういう4歳児の繊細な心の底
にある要求に共感して丁寧に対応してあげたいものです．「なんでできない
の」「やればできるよ」「みんなやってるよ」「がんばれ」と叱咤激励されても，
言葉だけでは「やってみよう」「できそうだ」とは思えず，ますます「できな
い自分」に目が行ってしまいます．

　まず，挑戦することを強制されない環境の中で，友だちが楽しく挑戦してい
るようすを見て「やってみようかな」と思えることが大切です．そして「こう
やったらできそうだ」と子どもが具体的な見通しをもてるように，スモールス
テップを導入したり，具体的にコツを伝授したりすることも必要でしょう．

　「わからない」「できない」「いやだ，やりたくない」という揺れや葛藤がマ
イナスのものと見なされるのではなく，ありのままの気持ちとして共感され，
そして具体的な支えを得て再び「やりたい」「やってみよう」「きっとできる」
と思えるようになるまでのプロセスの支援です．それは4歳児が揺れと葛藤を
経て意欲と自信を再構築していく過程であり，子ども自身に他者への信頼と自
己肯定感を育むことにもつながります．

（3）「みんなの中の自分」を味わい喜べる活動を

　子ども同士でも会話を楽しむようになり，相手の気持ちにも目を向けられる
ようになる時期だからこそ，そうした発達的な力を発揮できる活動を用意した
いものです．顔の見える範囲の少人数での話し合いなどは最適な例です．

　「きょうは何をして遊ぼうか」「夏祭りのおみこしはどんなかたちにする？」
など，誰もが関心をもち意見を言える身近なテーマについて，一人ひとりが自
分のペースで安心して発言できるように配慮しましょう．子どもは話し合いの
中で，自分の意見を言葉で表現すること，自分の意見を聞いてもらうことを経
験します．そして友だちの意見が自分と違うことに気づき，その違いをどのよ
うに調整すればよいかを考えます．

おとなが場づくりを通して「自分の意見や思いを表現するのはすばらしいことだよ．みんなが一人ひとりの意見や思いを受けとめて尊重するよ」というメッセージを発し，それぞれの意見や思いが異なることへの気づきから合意できる内容に至るまでのプロセスに寄り添い，みんなで話しあうことの価値を子どもが実感できるように支援することが大切です．

　また，自分たちの園やクラスの生活を成り立たせるための当番活動も，この時期の自我の発達を促す重要な活動です．「おとなのお手伝いをして感謝され褒められる」だけでなく，「みんなのために自分が責任をもってやっている」という意識をもって役割を担うことは，自制心を形成していく4歳児にとって大きな誇りと支えになります．子どもにとって役割の必要性と手順がわかりやすく，関心がもてる楽しい取り組みを準備し，役割を果たせたことを本人も周囲も認めあえるようにしましょう．

（4）ごっこ遊びとルール遊びを楽しく豊かに

　3歳児期から「つもり」や「みたて」を友だちと伝えあって共有し，ごっこの世界を遊ぶことがますます盛んになりますが，4歳児期にはさらに役割を話しあい，ごっこの中のルールにしたがって遊びはじめます．ごっこ世界を構成する場面や役割を意識して，それらを分担するようになるのです．お店屋さんはどんな言葉遣いでどのように振る舞うか，お客さんはその言葉をどのように受けるかということを，ごっこ遊びに参加している子どもたちが互いに守ってごっこの世界をつくりあげていきます．「ルールを守らなければならないから守る」ではなく，ごっこ遊びを楽しむなかで自然にルールを守っているのです．

　それとは対照的にオニごっこなどのルール遊びはルールが前面に出る遊びです．でも実はオニごっこの中にもイメージが潜在しているし，初期のオニごっこはむしろイメージの方が強いとさえ言えます．たとえば2歳児期のオニごっこは，「オオカミ」「クマ」「オニ」などの目に見えるイメージの力を借りて楽しむことが多いでしょう．それがだんだんとイメージの力を借りずとも「鬼ごっこ」という「ルール遊び」として楽しめるようになっていくのです．そうすると子どもたちにとってルールが前面に出てきて，「楽しむためにルールを守る」ことが意識されるようになります．

4歳児期の子どもにとって，ごっこ遊びとルール遊びは友だちとイメージや
ルールを共有し，その楽しさを味わい尽くすとても重要な活動です．少人数で
の遊びを保障しつつ，それをクラスの多くの友だちで楽しむ遊びに発展させる
機会も探っていくとよいでしょう．遊びは強制されるものではなく，子どもた
ちが自分から「楽しい」「もっとやりたい」と思えることが大切です．「楽し
い」「夢中になれる」が遊びの神髄です．また，遊びは環境に喚起され，伝承
される文化でもあります．子どものイメージをふくらませるような素材や題材
を準備すること，普段から絵本などの物語世界に触れること，大人も子どもと
同じ目線でワクワクしながらそれらの世界を楽しむことが，子どもの遊びのき
っかけをつくり，遊びを広げる助けとなります．

（5）共同でつくりだす遊びと環境の確保

　自分なりの理屈をもち，なおかつ相手の気持ちもわかって「…ケレドモ…ス
ル」という自制心を形成してきた子どもたちは，集団活動の中でよりダイナミ
ックな活動を展開しはじめます．あらかじめ計画した目標に向かってみんなで
分担してやりとげるのはまだ難しくても，素材を使って協力して何かを作るこ
とができはじめます．最初の段階に共通のイメージがなくても，作品が作られ
ていく過程で互いにイメージが刺激され，遊びが広がっていきます．たとえば，
ある子が牛乳パックに紙やテープを貼り付けてロケットを作ると，それを見た
友だちも牛乳パックに空き箱や紐をつなげてロケットを作り，それぞれ「ロケ
ット1号」「2号」「3号」と名づけて笑いあったり，「宇宙に飛んでいくよ」
とテーブルをロケット発射台に見立てていっしょに飛ばしたり，想像上の場面
のイメージも共有していきます．個々のイメージがしだいにつながって大きな
共通イメージになり，そのなかで集中して遊び込む姿が見られるようになりま
す．
　また，縄跳びを同じように腰に巻き，折り紙の手裏剣をおそろいで持って
「自分たちは仲間だ」という気持ちを味わい，山に散歩に行った後には「暗く
て怖かったけどがんばった」経験を語りあって共有するようにもなります．
　この時期の保育を組み立てるにあたっては，友だちとイメージを膨らませあ
う共同的な遊び活動を意識しましょう．そしてそのような遊びには，心が解放

される外の世界，砂や水，木の葉などの豊かな自然素材，段ボールや牛乳パックなど可塑性の大きな素材，それらの素材を存分に並べたり積み重ねたりできる空間，何度もやり直して工夫することが許されるゆとりのある時間などの諸々の条件が必要です。

　しかし，日本の教育・保育環境の現状では，子どもは狭い空間で人口密度の高い状態で過ごすことを強いられています。一つの空間に「食べる」「遊ぶ」「寝る」「集まる」といった多種の機能をもたせざるを得ず，子どものつくり出した想像的な空間を長時間保持することは物理的に困難です。また，狭い空間をフルに活用して複数のクラスの活動を合理的に進めなければならないため，子どもの遊びの進行とは無関係に，あらかじめ決められた時間によって活動がぶつ切りにされてしまう場合もあります。交通量の多い地域では充分な人員がいないために好きなときに散歩に行けなかったりもします。これは保育者・教師だけで解決できる問題ではありません。発達的視点から見て保育や教育の質を支える環境に最低限何が求められるのかを，保育や教育に携わる多くの人たちの間で共有していくことが必要です。

（6）発達に特に援助を求めている場合

　2次元可逆操作の獲得は，それに先立つ1歳半ばごろの「…デハナイ…ダ」という活動スタイルの獲得と，それを基本として対象を多面的に見るようになる2次元の形成，およびその2次元の形成と結びついた自我の拡大・充実を基盤として進んでいきます。2次元可逆操作の獲得とそれに結びついた自制心の形成は，単に認知的に「…シナガラ…スル」の操作ができるようになるということではありません。自制心の形成とは，自分の意思や主張をもち，相手の主張も理解したうえで，両者の対立状況も含めて受け入れ，「…ケレドモ…スル」という活動スタイルを通して，社会的な人間関係の中で自分の内面を深めていく発達的自由を獲得することなのです。

　自分の思いや主張がしっかりと育ち，さらに相手の思いにも気づくようになるのは，「楽しい」「もっと～したい」と自然に心が開かれる活動を通してであり，楽しさを共有できるおとなや友だちの存在が不可欠です。そのなかで自分と相手の意見が異なることを知り，どちらの意見も尊重される経験をし，異な

るからこそおもしろいということを実感していきます．同じ目標に向かって友だちと協力する機会を用意するとともに，一直線に目標に向かうのではなく，まわり道ややり直しの存分な保障も大切にしたいところです．

2次元可逆操作の獲得に向かっている時期には，モデルに合わせる力がついてくるとともに，他者の評価に敏感になって期待に応えようとすることから，モデルをなぞって完成させるような再生産的な性質の机上の課題にはまりがちになる側面もあります．「できる―できない」を意識するあまりに頑固さが目立つこともあるかもしれません．だからこそ，課題の達成が本人にとってどのような意味をもっているか，課題の達成を通して他者とのどのような共感関係が生まれているかについて，常に慎重に検討を重ねていくことが求められます．取り組みを通して本人が他者からの信頼を感じ取れ，工夫や努力を充分に発揮でき，そして本人の誇りにつながっていくものであることが非常に重要です．

障害のある子ども（人）もない子ども（人）も，「何かができるようになること」は目的ではなく結果です．今もてる力と芽生えつつある力を的確に診断し，それを充分に発揮できる環境を構成し，一人ひとりが誇らしい「自分」をつくっていくことが保育と教育の目的であり重要な役割です．自制心の形成時期にあたる2次元可逆操作の獲得時期の保育・教育指導は，なおさら，その大原則を忘れないようにしたいと思います．

文　献

荒木穂積（1989）第5章　四歳ごろ．荒木穂積・白石正久編，発達診断と障害児教育．pp.141-174．青木書店．

平沼博将（2000）4歳児．心理科学研究会編，育ちあう乳幼児心理学．有斐閣．

子安増生・服部敬子・郷式徹（2000）幼児が「心」に出会うとき．有斐閣選書．

白石正久（1994）発達の扉上――子どもの発達の道すじ．かもがわ出版．

スラヴィナ，エリエス（1989）幼稚園期における遊び活動の動機の発達について．ヴィゴッキー他（神谷栄司訳），ごっこ遊びの世界――虚構場面の創造と乳幼児の発達．法政出版．

田中昌人・田中杉恵（1986）子どもの発達と診断4　幼児期Ⅲ．大月書店．

田中真介・乳幼児保育研究会（2009）発達がわかれば子どもが見える．ぎょうせい．

全国幼年教育研究協議会・集団づくり部会（2012）支えあい育ちあう乳幼児期の集団づくり．かもがわ出版．

6章　5〜6歳の発達と発達診断

服部敬子

1　5，6歳児の発達的特徴

　長期にわたる追跡的，臨床的な観察に基づいて，子どもの自然態（nature）と要求（need）を理解しようと努めたゲゼルは，4歳は「流動」し，5歳は「結び目」にあたるととらえました．未知のものに対してさらに深く侵入する前に，すでに得たものを統一するための時間をかける，知識と能力の調和がとれているというのが「結び目」の一つの特徴です．また，自分の生活している文化・社会に自分を合わせていくこと，形式的な許可を待ち，社会的慣習を練習するのを好むようになることに着目しました．広い世界への興味や目的にも，「喜びにあふれた真剣さ」を示し，必要なときにはおとなの指導や助けを求めます．

　こうした5歳ごろの子どもたちの姿はおとなにとって「よい子」に映り，子どもたちもそうあることを望んでいるようにみえます．ところが，5歳半になると，親がその変化を悲しむほど「自分自身とも外界とも闘っているかのように」攻撃的になり，そうでないときは，「ぐずで，怠け者で決断力がない」．かと思うと，また次には威張りちらすなど，愛情と敵意との相反する爆発的な現れが「6歳らしさ」であると述べました．

　つまり，6歳の子どもはけっして，"よりよく，大きくなった5歳児"ではなく，新たに発生してきた矛盾の質をとらえるという視点が重要です．幼児期の終わりに向かって完成していくというよりはむしろ，次の発達的飛躍に向けてどのように外界に開かれたエネルギーが満ちてくるのかをみていきます．

（1）仲間との遊びに夢中になる５〜６歳児

　初めて訪れる幼稚園や保育園に足を踏み入れると，真っ先に４〜５歳ごろの子どもたちが友だちといっしょににこやかに近づいてきて組や名前を教えてくれます．一方，ごっこやルールのある遊びに夢中になっている年長児たちはちらと横目に遊びつづけ，一息つくときに，「アンタ，だれ？」「なにしにきたの？」「オレ，なんていう名前か知ってるか？　当ててみ（て）」などと，ちょっと偉そうに挑んできます．名前を伝えると，「はっとりー？…ヘンななまえ〜！」「何のトリー？とっとりー？」「とっとと，かえれ〜」などと，ユーモラスに韻をふむ言葉遊びも始まります．

　おとなに「遊んでもらう」のではなく，自分たちの遊びに「入れてあげる」という口ぶりで必要な役を任命したり，遊びのルールなどをすじみちだてて説明したりします．「まず最初にな，ここのすべり台からクツ落とすの．そしたら，オニはな，（後略）」．「ここはな，子どもだけが入れるひみつのきち」．５歳児は，先生といっしょに一定期間遊び込んで楽しさを知ると，子どもたちだけでもルールのある遊びやストーリーのあるごっこ遊びを始めるようになります．「またおやつのあとでやろうな」「あしたつづきしような」と約束して終わるくらい，そのときどきの仲間で遊びつづけることが楽しくなります．このような「今」の遊びの充実が，生き生きとした明日の見通しをもって過去をかえりみる「自己」形成の基盤になると考えられます．

（2）身体・運動面での変化

　幼児期後期には体型が６等身へと変化し，運動エネルギーの産出などに深く関わる心臓や肺の重量が出生時の約６倍になり，肺活量が顕著に増大します．中枢神経系や成長ホルモンの成熟によって視覚，聴覚，嗅覚面での感受性が高まり，心身の機能のしなやかさなどがもたらされると考えられています．書かれた一連の文字に焦点をあてて追うのに必要な目の筋肉が発達してきます．

　５歳児が熱中する運動遊びには，縄跳び，鉄棒，自転車，竹馬，跳び箱，遊泳などがあります．足が地面から離れたところで身体をコントロールし，二つ以上の動きを組み合わせ，一連の動きの中にリズムやアクセントを入れて「力

を込めるコツ」がつかめるようにもなります．リズム運動では，音楽に合わせて速さや強弱をコントロールし，指先や足先にも注意を向けるようになって，動きがなめらかに，しなやかになってきます．

いずれの場合も，中枢神経系や成長ホルモンなどの成熟を基盤とする新たな身体制御が可能になるというだけでなく，目標をもって，仲間といっしょに，時間をかけてできていく活動であることに注目したいと思います．"うまくできない"ときに，どうしてできないのか，どうやればできるようになるのかについて友だちのやり方を見ながら考え，必要なときには積極的に教えてもらい，教訓を引き出しつつ目標を高め，粘り強い挑戦ができているかを身体・運動面においてもみていくことが必要とされます．

（3）「間（あいだ）」の世界をとらえる──発達的な３次元の形成

身体活動の面で，また，制作などでも，「…シナガラ…スル」という活動スタイルをもとに一所懸命に調整し，さまざまな工夫をしながら変化を楽しんでいく５歳児たちは，目標と結果との「間」にあるプロセスをとらえて力強く表現しはじめます．お泊り保育で歩いた長い山道や，海を渡って行ったおばあちゃんの家までの経路を「○○してな，それから，電車でズーッと行って，そこから船にのってまたズーッと行ったら…」と何度も息つぎしながら話し，絵でも途中の目印を入れて表現するようになります．「〜のときは〜」「〜だから〜」などと，問いと答えの「間」を多様に刻みながら，「えっと…」「あのね，あのね…」と，文と文の間をつなぐ努力をします．話したり描いたりしている途中で，「あ，そうや，ここで〜した」と思い出した場面を挿入するなど，「間」の世界を豊かにしていきます．学童期半ばにかけて獲得していく書き言葉の土台となる文脈形成の力です．発達検査で，「○○のときはどうしたらよいですか？」と尋ねてみると，以前は正答していた子どもたちがしばし考えて，「お母さんに言う」，「…だったら…して…」といった答えになることがあります．一見幼く，脱線しているような答えですが，目標達成までの過程を文節化し，さまざまな状況を自ら想定する力の現れであると考えられます．

このように，５歳過ぎから子どもたちは，始まり─終わり，できる─できない，といった二分的な対比的な認識の中に，ずっと続いたりだんだん変化した

りする「間」の世界をとらえはじめます．「今」が，「前（過去）」と「今度（未来）」の真ん中に位置づき，好き—きらい，良い—悪い，といった価値にかかわる見方にも「間」ができてきて，「ちょっとだけ」，「ふつうくらい」，「どっちでもない」と表現する世界が広がってきます．ものを見たり，感じたりする仕方が，生理的な基盤の成熟とも関わって細やかに変化してきます．描画で，地面となる「基線」と「空」の間に「人」を描き，色を混ぜあわせて中間色をつくって楽しむようになるのもこのころです．

　これまで「お箸を持つ方が右」などと教えられて自分の体に密着していた「右」や「左」も，5歳後半には，自分を基軸として「真ん中」がとらえられるようになることで，相手の左右がわかるという自由度をもつようになります．このような認識は，教え込まれてわかるようになるというよりは，友だちに合わせて何かをする，向かいあったり横に並んだりして教えてあげるといった経験をもとに育まれてくるものと考えられます．

（4）厳密な比較と「チガウけどオナジ」世界の発見

　数や液量などについて「見かけ」の違いをこえて「同じ」という質を抽出することを，「保存」概念の獲得といいます．同量のジュースを，幅広コップと細長グラスに入れて置くと，5歳児は細長グラスの方にこだわりますが，学童期半ばごろには，相補性や可逆性に基づく理由づけをして「どちらも同じ」という判断をするようになります．液量の「保存」理解は難しい5歳児ですが，長さや高さについては数の概念をもとに「保存」が獲得されはじめます．

　4歳半ばごろから，「チガウところもあるけどオナジところもある」（部分—全体）という見方ができるようになりますが，5歳半ばごろには一歩踏み込んで，チガッテ見えるけどオナジ」という共通性をとり出す認識力が育ってきます．「ほんとは（に）」という言葉をよく使うようにもなり，それまでは「あたりまえ」であったものの見方やルールについて，「ホントは……？」と現実を吟味し，くつがえしていく力が生まれてきます．5歳前半ごろは，ものごとの「見かけ」の違いの中に「ホント」の世界（本質）をとらえはじめるがゆえに「揺れ」る姿もみられます（153ページ図2「5個の塔の比較」参照）．

　違いの中に共通性を取り出していく力は，モノの「仲間づくり」を可能にし

ます．上位概念が形成され，さまざまな言葉や知識が関連づけられ構造化されていきます．事物に共通する属性を「ヒント」として出しあい，なぞなぞやあてっこ遊びを楽しむようになってきます．このころ，外国から来た子や障害のある子が他の友だちとチガウところを発見しつつ，「オナジ○組」「□ちゃんもイッショに〜したいって」「だんだん〜になってきたね」などと，自分との共通性を大事にして関係を結べるようにもなってきます．「人権」を理解していく土台となる力として大事に育てていきたいと思います．

（5）生後第3の新しい交流の手段の発生

先にも紹介したように，このころの子どもたちは韻をふむ調子のよい言葉やシャレ，しりとりなどを楽しむようになってきます．人類が「文字」を発明，発展させていく過程では，シャレや語呂合わせといった言葉遊びが重要な契機になったと考えられています．同じ発音で異なる意味をもつ言葉に着目することで，物の形を絵文字で表すのではなく，話し言葉の音を文字で表すという変化がもたらされたのです．

しりとりは，一つの単語を音節に分ける（言いナガラ聞く）ことと，最後の音を保持しナガラその音で始まる言葉を探す，という二つのことができるようになっておもしろくなる遊びであり，2次元可逆操作の獲得が系列的に進む時期に可能になると考えられます．音節に分けることで“もの”の名前が実物のイメージから離れ，「音」としての共通性に気づくようになってきます．

するとまもなく，名前を一文字ずつ読みあげ，絵本や看板で同じ文字を発見しはじめます．自分の描画や作品に名前を「見てかきたい」と言ったり，見えない相手に向けて，絵もまじえながらメッセージを書くことが好きになってきます．描きながら見直す，修正するなど，目的をもって注意を制御するモニタリングの力もそなわってきます．

また，自分が話しながら同時に自分自身の声を聞けるようになり，5歳後半になると，自分の中の「聞き手」によって表現の自己制御を行いながら物語を産出することができるようになります（内田，1996）．具体的な事柄について親しい人との直接対話で展開する「一次的ことば」から，現実場面を離れて間接的，一方向的に，未知の不特定多数の人たちに向けて話の骨組みを自分で調

整していく「二次的ことば」(岡本, 1983) への移行が始まります.

　マンションの掲示物で「協力」という漢字を見つけて「なんて読むの?」と聞いた男の子にお母さんが,「きょうりょくと読むのよ. 力を合わせましょうってことだよ」と答えました. すると,「あっじゃあ, 俺たちのリレーのことだね」. 新しい言葉に心躍らせ, 経験をたぐりよせながら自分のものにしていく5, 6歳児です. 綴られた文字が話し言葉以上の内容をもち,「書き言葉」として「自分の内面を見つめ語る」機能をもちはじめるのは学童期半ばからですが, このようにして人類の文化遺産である「文字」を「新しい交流の手段」として獲得しはじめます.

(6) 自己形成視——変化と多面性をとらえる自他理解へ

　4歳半ばごろから,「前ヨリ上手になってきた」「兄ちゃんに教えてもらったカラ」「○ちゃんのを見てタラわかった」と, できることとできないこと, 前と今, 原因と結果, 自分と他者など, 対の関係を結びつけてジブンをとらえはじめます. あいまいな,「間」の世界を感じ分け,「それから, ～して…」と文脈をつむぐようになってくると, ものや場所, そのときの状況や関わった人などを含めて日常のさまざまなようすが一連の出来事として記憶されるようになります. そして, その時々の記憶と過去の「私」が結びつくことによって,「自伝的記憶」として刻まれるようになります. 5歳後半にもなると, 自己と他者は異なる時間的視点をもち, それぞれが固有の時間的拡がりをもつ世界に生きていることを認識するようになります (木下, 2008).

　〝だんだんできるようになる〟手応えが得られ, 目標を高めていける活動に取り組むなかで, 次には,「間」に言葉を入れて説明したり,「○○ちゃんを見てごらん」とモデルになるものを取り入れたりする「教える主人公」になっていきます. こうした教え合いや認め合いを通じて, 友だちや自分の変化を認識し,「○のところもあるけど△のところもある」と多面的に友だちや自分をとらえるようになってきます.「自己形成視」が始まり, 前向き, 後ろ向きに加えて, 横向きの自分を工夫して描くようになります.

　ワロンは5, 6歳ごろの子どもが「自分にない新しい価値がどうしても欲しくなって, 他人から剽窃して, それを手に入れたいと望むようになり」,「他者

を模倣して，自分がその人のようになるよう努力することが問題になる」と述べました．「新しい発達の原動力の誕生」期には，外界に対する感受性が高まり，「みずから周りを見回して新たなモデルを求め，取り入れる」という共通性がみられます．生後３度目の「新しい発達の力」が誕生してくる５〜６歳児は，"ある集団における魅力的な役割やふるまい方"という意味でのモデルを求め，模倣しはじめます．この憧れと努力は，学童期半ばの「集団的自己」を形成していく原動力であると考えられます．

2 発達診断の方法

（1）５〜６歳の発達的位置と発達診断の視点

「可逆操作の高次化における階層―段階理論」によれば，５〜６歳ごろは，発達的な「対」の世界を結びつける２次元可逆操作が並列可逆操作から系列可逆操作へと進み，外界や他者を取り入れていく可逆的結合性が強まって豊かな内面性の形成が行われていくことを発達的な前提として，時間的，空間的，価値的な３次元の世界を形成していく時期です．と同時に，３次元可逆操作の獲得を進めて学童期半ばに始まる新たな階層への飛躍的移行を成し遂げる力，すなわち，「生後第３の新しい発達の原動力」が生まれる時期であると位置づけられています．通常の場合，学童期半ばごろにみられる論理的思考の発達や「保存」概念の獲得，他者の視点取得，自我をとらえる「自己」の形成，新たな交流の手段である「書き言葉」の獲得などにつながる萌芽的な特徴を見出すことができはじめる時期です．

したがって，５〜６歳という時期の発達診断を行う際には，次の５点に留意をしてみます．(1)２次元可逆操作が充実し，空間的，時間的，価値的な中間項が分化し広がりはじめているか，(2)その結果として「基線」「基点」が形成されはじめ，系列化操作が獲得されつつあるか，(3)一見異なる二者の間に見えない共通性をとらえはじめているか，「違うけれども同じ」であると考える理由をどのように説明するか，(4)経験をたどって接続詞を入れながら話し，何度も言い直しながら文脈ができはじめているか，見えない相手に対して絵や文字を使って交流することへの関心がみられるか，(5)友だち関係が広がり，家庭や園

以外のいわば「第3の世界」に繰り出して遊びを広げ，世話や「教える」試み
を通じて，相手の立場に立つことのできる「自分」が育ってきているか，(6)自
分の活動を振り返り，幼いながらも「自分」を時間的・空間的・価値的に多面
的にとらえる「自己形成視」ができはじめているか．

　具体的な各課題においては，①「教示を最後まで注意深く聞き，あらかじめ
考えてから取り組む」というように言葉を対象化した「間」のある応え方をす
るか，②一回目に取り組んだ結果をどのように振り返って次の取り組みに生か
そうとするか，③言語的，視覚的な支えを入れてもらうことによって系列的な
評価を行い，よりよく改善しようとする調整や努力がみられるか，④課題が難
しい場合には手がかりや手本になるものを積極的に探し求め取り入れようとす
るか，といった点にも留意してみます．

（2）発達診断の実際

　では，発達的な3次元の世界をとらえはじめているKちゃん（5歳前半）と
「生後第3の新しい発達の力」が誕生してきたとみられるTくん（6歳前半）
の事例を中心に実際の発達検査のようすを紹介します．

　4歳児クラスのKちゃんは，びゅんびゅんごまとあやとりの「技」を磨くの
に夢中で，みんなでやる缶けりが一番楽しいと言います．「○○ちゃんと××
ちゃんも……やし」と親に切願し，子ども用の包丁を買ってもらい，ピアノを
習いはじめました．5歳児クラスのTくんは，ケイドロ（警察と泥棒）に夢中
で友だちと作戦を立てられるようになってきました．休みの日はお兄ちゃんと
いっしょにサッカーの練習に連れていってもらえるのを楽しみにしています．

1）階段の再生

【課題】

　一辺2.5センチの赤色の積木を10個出し，衝立の陰で手本を作る（図1）．
「これは階段です．ここを登っていくのですよ．ほら，1段，2段，3段，4
段」と言いながら指でトントンと登ってみせる．「これをこわしてしまっても
同じものを作れますね．よく見ておいてちょうだいね」と言って10秒待ち，
「さあ，こわしますよ」と言って渡し，「さあ，さっきのと同じ階段を作ってご
らんなさい」．できた場合，「同じ形で反対の階段を作ってください」と言って

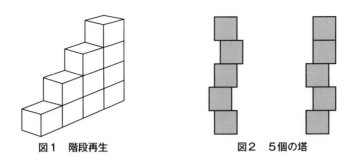

図1　階段再生　　　　　　図2　5個の塔

自分から作り直すようすをみる．①試行錯誤的に作るか，計画的に作るか，②対称移動させたものを作ることができるか，どのような工夫がみられるかを観察．

〈Kちゃん（5歳前半）〉

モデルをこわすと，「そんなんカンタンや」と言って作りはじめました．「1つずつ減っている」ことはとらえたようですが，最初に勢いで5個並べてしまったので少し試行錯誤することになりました．一つ取って上に置いて，また一つ取って並べて…を何度か繰り返して完成させました．「同じ形で反対の階段をつくって」と言われると「えー…」と考え，一つずつ積木を回して同じ階段を作りました．

〈Tくん（6歳）〉

「こういうのはオレ，得意なんだよねー」と言って左から1個，2個…と順に並べていって「はい，できた」．自分から「反対の階段もつくれるで」と言って，最下段は固定して上の三段を反対側にずらして「ほら，できた！」．

Kちゃんも縦列と横列の「間」にある「斜め」の部分をとらえることができています．「同じ形で反対の階段」と言われると一つずつ積木を「反対」にするという工夫をしました．Tくんの場合は作り方が計画的になり，反対でも「同じ」ものを作ることができました．さらに「反対」を作る際に最下段は動かさずに上段の積木を移動させるなど，ベースライン（基線）がしっかりできていることがわかります．

2）5個の塔の比較

【課題】

一辺2.5センチの積木で，子どもには見せないように**図2**のように5個ずつ

積み上げて二つの塔を作る．塔は正面からみて，二つができるだけ違った不均整になるように積んで，両方の塔が一見違う感じになるようにする．

　二つの塔ができたら，幼児の正中線が対称軸になるように，10センチの間隔をおいて標準線上に出し，「どちらの方が高い？」と尋ねる．どちらかを指して答えたら，それを記録し，続けて「どちらが長い？」，「どちらが大きい？」，「どちらが低い？」，「どちらが短い？」，「どちらが小さい？」と質問し，応え方を記録．その際，どちらかを指したら，すぐに次を聞くようにし，その指しかたや表情にも注意する．①交互指示か，②一方を「高・長・大」群とし，他方を「低・短・小」群とするか，③ほんのわずかな違いを探そうとするか，④「オナジ」と答えるかをみる．

〈Kちゃん（5歳前半）〉

　「どちらの方が高い？」と聞かれると，Kちゃんは首をかしげてジーッと見てから「おんなじ…？」と少し自信がなさそうに答えました．左手の人さし指で左側の塔の上，右手の人さし指で右側の塔の上を押さえてから両方の人さし指を同時に真ん中に近づけてはまた戻す，という比べ方をしてから「…やっぱりこっち」．厳密に比べようとして揺れる姿が見られます．

〈Tくん（6歳）〉

　「どちらの方が高い？」——右から見て，左からも見た後でそれぞれの積木の数を目で数えて「どっちもおんなじ！5個と5個やし」．「どちらが長い？」「どちらが大きい？」と順に聞かれると，「同じやって．さっき言ったやろ」．「数」という本質をとらえることで「同じ」という判断の揺れがなくなりました．

3）左右の弁別・相手の左右

【課題】

　「左手はどれですか？」（左利きの場合は「右手」を先に聞く）に続いて，右耳，左目，右手，左耳，右目の順に尋ねる．左右が弁別できていることを確認したら，対面して「わたし（検査者）の右手はどちらですか」，「わたしの左手はどちらですか」と聞き，指した方を記録．

〈Kちゃん（5歳前半）〉

　「Kちゃんの左手はどっち？」——ちょっと考えて左手をあげ，「お箸持つ方

が右手やで」．自分の左右についてはすべて正しく答えることができました．
「わたし（検査者）の右手はどちらですか」──検査者をじっと見ながら自分
の右手で検査者の左手を触ったので，うなずいて受けとめ，「これ（Kちゃん
の手）は右手？」と確認すると「うん」と答えました．

〈Tくん（6歳）〉

「Tくんの左手はどっち？」──さっと左手を挙げました．右耳，左目も正
答したので，「では，わたし（検査者）の右手はどちらですか」と聞くと，自
分の右手→検査者の左手を見てから「こっち」と検査者の右手を触りました．
「どうしてこっち？」と尋ねると，「こうやったら（上半身を少しひねる）反対
になるから」と答えてくれました．「真ん中」の基軸ができてきて，対面する
と同じ「右」が「反対」になることが理解されています．

4）円系列描画課題

【課題】

　近地点付近に，B4判の紙と鉛筆を置いて，「この紙に，一番小さい丸から，
だんだんに大きくして，一番大きい丸までかいてください」と教示．その際，
描き方，描いた順序も記録しておく．描き終えたら，「かいた丸の数」を聞い
て答えを記録．次いで，一番小さい丸，一番大きい丸，「中くらい」の丸，「真
ん中」の丸はどれかを聞く．「真ん中の丸」についてはその選び方を注意して
観察し，その理由も尋ねる．複数個選んだ場合は「一番真ん中」を尋ねる．

　「今かいたたくさんの丸は，一番小さいのからだんだん大きくなるようにか
けましたか？」と聞いて自分で評価をさせてみる．どこか，「うまくかけなか
った」「ここは小さくなってしまった」というような評価があった場合は，「で
は，もう一度，今度はさっきうまくかけなかったところに注意して，だんだん
大きくなっていくようにかいてください」と再試行を促す．描き終わったら先
と同様の質問をして答えを記録する．①順次，大きく描いていくか，②最大と
最小との間に3個以上の中間の丸が描けるか，③描いた後に，最小，最大，
「中くらい」の丸を指すことができるか，④数を数えたり両端から順に押さえ
ていって重なることを示したりするなどして「真ん中」だと考えた理由が言え
るか．⑤自分で評価を行った後の再試行でどのような工夫がみられたか．⑥同
心円状など異なる描き方もするかを観察する．

〈Kちゃん（5歳前半）〉（図3）

（1回目）「いっぱいかこーっと」．Kちゃんは左の方から描きはじめました．途中で，丸を描く向きを変えることが見られます．何個描けたか尋ねると指で押さえて順に数えて「17」．検査者「たくさんかけたね．今かいたなかで，一番小さい丸はどれ？」と聞くと左端の最小の丸を指し，「一番大きい丸」は右端の丸を指しました．「中くらいの丸はどれですか」と聞くと最小の隣の丸を指し，「真ん中の丸はどれですか」と聞くと最小から11番目の丸を指しまし

図3　Kちゃんの円系列描画

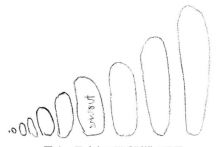

図4　Tくんの円系列描画課題

た．「そうですね．どうしてそれが真ん中だと思ったの？」と尋ねると，「ちょうど真ん中だと思うから．大きさが」．

　（2回目）「今かいたたくさんの丸は，一番小さいのからだんだん大きくなるようにかけたかな？」と尋ねると，「これと，これと，これと…ちっちゃくなってる」．そこで，「今度は途中で小さくなったりしないように気をつけてかいてみてね」と言うと今度はだんだん大きくなっていく丸が描けました．丸の数，最大，最小の丸を聞いた後に，「中くらいの丸は？」と聞くとやはり最小の丸の隣を指し，「真ん中の丸は？」と聞くと端から端まで見直して「これ？」と尋ねる口調で小さい方から7番目を指しました．理由を尋ねると，「ふたつのふたつと，6この間だから」と答えてくれました．

　1回目に描いた結果をいっしょに評価してから2回目に取り組むと大きく変化しました．紙のふちがなくてもおおよその基線ができていることがわかります．「真ん中」については，一つ選んでから理由を考えたようです．

〈Tくん（6歳）〉（図4）

　左端から極小の丸に始まってだんだん細長く高さのある丸を描いていきました．検査者「何個かけましたか」──順に数えていって「10こ」．最大，最小の丸を聞いた後に「中くらいの丸はどれ？」と聞くと，最小から数えて7番目の丸を押さえて「これ」．検査者「じゃあ，真ん中の丸はどれ？」──「えーと…」人さし指で両端から中央に向かって一つずつ押さえていって「あれ…ない．真ん中ない．ちょっと待ってや」．もう一度端から押さえていって確かめて「やっぱりない」．検査者「どうしたら真ん中できるかなあ」──T「この間（5番目と6番目の間）に丸かいたらいいけど，せまいからかけない」．

　基線が美しく整い，途中の崩れがありません．両側から一つずつ対応させていって「真ん中」を決めるなど，一つの系列の中に「大きくなる」方向と「小さくなる」方向とを可逆的にとらえ，マルの大きさが違っても同じ「1」と認識する力が芽生えていることがわかります．

5）人物の3方向描画

【課題】

　「○○さんをかいてください」と言い，描けたら「よくかけましたから，こんどはあなたの後ろ向きの姿をかいてください」，描けたら「こんどは横向きの姿をかいてください」．「かけない」「わからない」と言った場合は，「どうしたらいいかな」と聞いてみて，求められれば手本を描いて見せる．

　描き終えたら「どれがむずかしかった？」「どこがむずかしかった？」と聞き，描いた絵を見ながら具体的に尋ねて，横向き，後ろ向きをどのようにとらえようとしているかを知る．全部描き終えたら，「誰の絵かわかるように名前をかいておいてください」と言う．

　①前向きでは，身体各部をそなえ，自分の性別や特徴，好みなどを表現しているか，②後ろ向きでは「目がない」「髪の毛だけ」といった特徴をとらえているか，③横向きでは，前・後ろ向きとは異なる表現の工夫をするか，自分が横を向いたり検査者を横から見たりするなどの工夫がみられるか，④描く前にイメージを描こうとして努力するか，⑤描いた後に自らイメージを合わせて見直すか，⑥自分の思ったように描けないときに言葉で補って説明するかを観察する．

〈Kちゃん（5歳前半）〉（図5）

まず前向きの自分（左端）を描いて「できたー」．検査者「全部描けた？」と尋ねると「あ，耳！」と描き加えて「帽子もかこう」．次に検査者が「じゃあ今度は後ろから見たKちゃんを描いてください」と言うと，ちょっと驚いた表情で検査者を見上げて「かけないー．かいたことないし」．検査者「後ろから見たらどんなんかなあ？」と言うと，考えて描きはじめました（右端）．描き終えると「Mちゃんみたいに顔が小さ

図5　Kちゃん3方向描画（5歳前半）

図6　Kちゃんの3方向描画（図5の5か月後）

くて帽子がでかい！」．検査者が「顔は？」と聞いてみると「………」．検査者が「後ろ向きだから帽子だけなの？」と尋ねると「うん」とうなずきました．

　最後に，横から見た，横向きの自分を描くように言うと，「えーーー」とちょっと困った声を出し，自分の上半身を左右に回して（横向きを探っているようす）描きはじめました（中央）．描き終えると，「一つしかお目めない．横向いてるから」「ヨコ，こーんなに髪の毛長いで」と，先ほど聞かれたことを覚えていて今度は自分から説明してくれました．

〈Kちゃん前回テストから5か月後〉（図6）

　前向きの絵を描きながら，「歯もかいとこう」．描き終えると「ジャンパースカートはいてるし」．後ろ向きも「指」を描くときは「いち，に，さん…」と数えながらそれぞれ5本の指を描きました．次いで，横向きでは「横向いたら目が一つしか見えません．手も…」と言いながら描き，足を描いたところで「あ！ズボンふたつかいちゃった」と検査者を見ました．「もう一つかいてもい

いよ」と言うとその左横に顔を描きはじめましたが「小さくなっちゃった．もっかいこっちにかこーっと」．描き終えると「横向いたら足も一つしか見えないで」．

歯，ジャンパースカートの肩紐，タイツの模様，指の数など細かいところにこだわって描くようになりました．横向きは「全部一つしか見えない」ということがイメージされており視点を動かす自由度が高まったとみられます．

6）自己多面視，自己形成視

【課題】

「さっき，今の○○さんをかいてもらいましたが，今度は"赤ちゃんのときの○○さん"をかいてください」と言い，描き終わったら「あなたが小さいときとくらべてどこが変わってきたか教えてください」と聞く．答えたら，「では，小さいときと比べて変わっていないところはどこですか」と聞き，答えを丁寧に受けとめる．「では，こんどは"おとなになったときの○○さん"をかいてください」と言い，描き終わったら，「おとなと今とどこが違いますか」，「おとなと今と同じところはどこですか」．その後，「おとなになったら何になりたいですか」と尋ね，その理由も記録する．次いで「そうですか，○○になるためには今どうしたらよいと思いますか」と尋ねる．答えられない場合は，「今どういうことをしたら○○になれると思いますか」のように順方向に聞く．

①「小さいとき」から「今」までの「変化」が言えるか，「同じところ」が言えるか，②おとなになってなりたいもの，したいことが言えるか，③「今の自分」と「おとな」との違うところと同じところが言えるか，④将来に照らして「今」すべきことを考える現実吟味ができるか，時間的に順方向の問いであれば答えることができるかをみる．

〈Kちゃん（5歳前半）〉

検査者「小さいときからどんなところが変わってきたと思う？」――K「おねえさんになってきた」――検査者「どんなふうにおねえさんになってきた？」――K「背が高くなったり，3歳とか4歳とか…そういうことで大きくなったと思う」．検査者「そうだね，おねえさんになってきたね．じゃあ，赤ちゃんのときから今までで変わってないのってどんなところ？」――K「わからへん…目もちょっと変わってきたしさあ…赤ちゃんのときとは似てない」．

検査者「大きくなったら何になりたい？」——K「ケーキやさん」——検査者「どうしてケーキやさんになりたいの？」——K「だって，ケーキいっぱい作れるもん」．検査者「そうだね．では，ケーキやさんになろうと思ったら，今どうしたらいいと思う？」——K「わからん……わからん…」．検査者「じゃあ，今，どんなことをしたらケーキやさんになれると思う？」——K「大きくなって…何歳かになったらケーキやさんになれると思うけど…でも，ケーキやさんの練習…あんな，小さいころからしてな，お料理とかホットケーキとか作れたらいい．自分で」．

　「小さいときからの変化」として答えた「おねえさん」という言葉には，大きさや年齢には還元できない，小さいころから憧れてきた特別の意味が込められているようです．妹ができて「姉」になったこともあるのでしょう．違いを厳密に比べる時期ゆえに，「変わっていない」ところは見つけられなかったようです．「将来のために今すること」というように時間軸が逆になる問いには答えるのが難しかったのですが，「今どうしたら将来は…」という順方向の問いに変えると答えることができました．「でも」「あんな」など，接続詞でつなぎ，条件をつけて筋道立てて答えようとしていることがわかります．

〈Tくん（6歳）〉

　検査者「小さいときからどんなところが変わってきたと思う？」——T「大きくなってきた」——検査者「ほかには？」——「うーん…小さいときは眠れてたけどこのごろ眠れなくなってきた」——検査者「なんでかなあ？」——T「小さいときはお母さんといっしょに寝てたけど，今は『一人で寝ぇや』って言われてー，それで，一人じゃ眠れなくなってきた」——検査者「そっかあ…ちょっとさびしいんかな？じゃあ，小さいときから変わってないところは？」——T「目」——検査者「そうだね．ほかに変わってないところはない？」——T「うーん，小さいころからメーワクかけてた」．

　検査者「大きくなったら何になりたいですか」——T「サッカー選手！」——検査者「サッカー選手になろうと思ったら，今どんなことをすればいいと思う？」——T（考えて）「バイト」——検査者「え？バイト？バイトってどういう意味？」——T「金をかせいで大きくなること」——検査者「サッカー選手になるのにはバイトしないとだめなの？」——T「うん！　練習もしない

とあかんけどな」．

「小さいときからの変化」，「変わっていないところ」の質問に，外見のほか自分の行動も振り返って答えてくれました．変わってきたけど「同じ」というとらえ方ができています．周りのおとなが使っているやや抽象的な言葉を敏感にキャッチし，どのようなときにその言葉が使われるのかを考えて会話に取り入れていることがわかります．他者との対話の中で自分を振り返り，「将来」に視点を移して「今」という基点をとらえる現実吟味ができはじめています．

7）道順描画

【課題】

幼児の場合はあらかじめ，保育園や幼稚園，療育センターなどへ行っているか聞いておく．行っていない場合，駅や公園やスーパーなど，よく行くところはどこかを尋ねる．固有名詞が出てきて，どんなところかを言ってくれた場合には，Ｂ４判の用紙と鉛筆を渡して，「ここに，家から，（保育園や学校など）までの道順をかいてください」と教示する．どこから描くかに注意して，発語を記録．「わからない」「かけない」と言う場合は，「家を出たらどんな道ですか．ずっとまっすぐ行きますか」などと問いかけて，描く前に言葉で道順を思い出せるように支えを入れてみる．イメージができたようであれば「描いてみようか」と促す．途中で用紙が足りなくなったら，新しい紙を渡して「つないでかいていい」と伝える．

描き終わったら「よくかきました．いつもは，家から（保育園など）までどうやってきているの？」と聞き，「それでは家から（保育園や学校など）まで，どこをどう曲がっていくのか，話してください」と言って聞く．曲がり角や目印など，こちらが説明を求めた場合にはそのむね記録する．

①出発点，目標地点が描かれているか，②両地点の「間」にある曲がり角や目印が表現され，道すじをたどって説明することができるか，③言語的な支えを入れた場合に「間」の表現が充実するか，④紙の使い方（どんどんつなげるか，１枚に収まるようにあらかじめ工夫するか），などをみる．

〈Ｋちゃん（５歳前半）〉

Ｋちゃんは，保育園まで車で行くときと，ローカル電車を利用して歩いて行くときとがあります．検査者「この紙に，家から保育園まで行く道をかいてく

図7　Kちゃんの道順描画　1回目

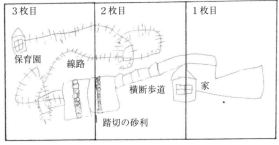

図8　Kちゃんの道順描画　2回目

ださい」と言うと，「車で行く道かこー」と言って，「ここがおうちで…ずーっとずーっと行って…はい，保育園に着きました」と1枚の紙に収めました（図7）．そこで，「隣のおばちゃんが保育園に行く道教えてほしいんだって．この絵でわかるかなあ？」と聞いてみると，「おばちゃんは電車で行かはるなあ，車ないもんなあ」と言って目を上に向け，「家を出て…坂をのぼって下がって…横断歩道を渡って…」と話しはじめました．

　そこで，保育園に着くまでの道を聞いてから，「じゃあ，今お話ししてくれたことを絵にかいて教えて」と言うと，家を出た前の道から描きはじめて，「これが坂で…あ，家かかなきゃ」と言って2枚目にまたがる「家」を書き，横断歩道，砂利が敷き詰めてある踏切のところ，線路，保育園を描きました（図8）．

　1回目の描画で，車に乗って行く道の「間」があいまいなのは自分が主体的に動いていない経験であることも影響していると思われます．2回目の描画では，「他者に教える」ことを意識することで，その他者の立場に立って考え，出発点と目的地の「間」が豊かに分節化されました．みちすじをイメージして追いながら目印となるポイントを描き分けることができてきました．具体的な他者の想定と必要性の理解，「教えてあげたい」必然性などが表現に大きく影響することがわかります．

表 1　発達の各時期における検査課題にたいする応え方の変化

	2 次元可逆操作期	3 次元形成期	「生後第 3 の新しい 発達の原動力」の誕生
(1)階段の再生	・斜めの部分が難しい. 試行錯誤して作れることもある.	・下段から「4-3-2-1」,あるいは端から「1-2-3-4」のように計画的に作ることができる.	
・「反対で同じ」 階段	・左右を入れ替えて作ることは難しいが,作り方を変えたり,一つひとつの積木を回転させたりするなどの工夫をする.	・「反対」の説明をする.	・左右を入れ替えた「同じ」階段が作れる.
(2)5つの塔	・交互指示からどちらかを「大‐高‐長」と決めて指し分けるようになる.	・「同じ」と答えることもあるが,聞かれ方によって悩み,揺れる.	・「5個と5個」などと理由をつけて「同じ」であることがわかる.
(3)左右の弁別 ・相手の左右	・「左」「右」の基準ができて指し分ける.	・自分の左右は正確に答え,相手の左右も同じ方を指す.	・対面する相手の左右が反対になることがわかる.
(4)円系列描画 ・活動結果に対する評価	・「間」の丸が描けはじめるが途中で崩れる.崩れた所を自分で指摘することができる.	・崩れることなくだんだん大きくなる丸が 5 個以上描ける.	・「基線」がはっきりして崩れず 10 個以上描ける.同心円状など,異なる描き方もできる.
	・再試行では"よりよく"なるよう注意して描く.		・「中」は大きさで,「真ん中」は左右どちらからもオナジ数になるよう工夫して決める.
・「真ん中」「中くらい」の同定と理由づけ	・「最小」の丸の隣を「中くらい」「真ん中」と同定することが多い.	・自分なりの理由をつける.「真ん中」を複数示すなど多様な応え方がみられる.	
(5)人物 3 方向描画	・前向き,後ろ向きは描ける.横向きは「かけない」ということも多いが,「前」「後ろ」とは異なる絵を描こうとしてさまざまな工夫がみられる.	・横向きについては,自分が横を向いたり相手を横から見たりして目や肩が「一つ」に見えることを発見し,考えながら描く.	・あらかじめ「目は一つしかない」などとイメージを言語化して描くことがみられる.細かい部分の表現が豊かになる.
(6)自己形成視 ・自己の変化の認識・成長画	・「大きさ」のみで変化をとらえることが多い.	・大きさだけでなく能力や習慣などの変化もとらえはじめる.	・変化だけでなく「変わっていないところ」も答えることができる.
・時間的展望と現実吟味	・将来を見通して「今」すべきことを尋ねる質問(可逆方向)に答えることは難しいが,「今どうしたら○○になれるか」という質問(順方向)には答えることができる.		・将来を見通して「今」すべきことを尋ねる質問(可逆方向)に答えることができ,時間的展望に基づく「現実吟味」ができる.
(7)道順描画	・「家」(始点)と「保育園や学校」(終点)がはっきりし,「間」の道も描くようになるが目印などは描かない.	・質問によって支えを入れると曲がり角や目印となるポイントを描き込むことができる.	・自分から曲がり角や目印となるポイントを説明しながら描くことができる.あらかじめ全体を 1 枚の紙に収まるように考えて描く.

以上，描画の課題においては，描くことに興味を示すか，モデルを見て同じように描けるか，眼前にないものもイメージをとらえて表現しようとするか，それらを描く際に，縦と横と奥行き，深さ，高さ，幅など3次元的な表現を試みはじめるか，一つのものを多面的な角度から表現できるかなど，発達的な3次元への迫り方に各児なりのきざしが芽生えているかなどに留意してみます．

各課題に対する取り組み方の変化を**表1**にまとめます．

8）その他

1）〜7）にあげた課題のほかに，①了解課題で，みずから「〜のときは〜」などと条件をつけて考えるか，社会的なルールを含意して答えるか，②三角形模写・菱形模写課題，模様構成課題で「斜めの線」を含んだ構成・表現がみられるか，③頭の中で数えて「量としての数」をとらえる打叩計数（だこう）課題や，数の概括をもとに「＋1」「−1」の加減算ができるかなども合わせてみます．

一つひとつの課題に時間をかけて取り組むことも多く，検査時間が長くなりがちです．あらかじめ，友だちと遊ぶ予定や当番活動のことなどを聞いておく，トイレをがまんしているそぶりがないか留意するなどの配慮も求められます．

3　5〜6歳ごろの教育指導を考える

ここでは，空間，時間，仲間という三つの視点から「間」の世界を豊かにしていく生活づくりの留意点について考えてみます．

（1）「第3の世界」でホンモノとの出会いを

近年は，就学前後の子どもたちだけで少し遠出するという経験をさせにくいという地域が多いかと思います．おとなたちが協力しあい，細やかな配慮にもとづくゆるやかな見守りのもとで，「自分たちだけの場所や時間」のなかで子ども同士が結束し，親密な関係を育む野外活動の機会を保障したいものです．

5，6歳児のワクワク心が発動するのは，日常の中の非日常や，既知の中の未知などに出会うときです．「昨日，病院に行ってレントゲンとってもらった」という子の体験談に耳を傾けているうちに，「ホネ」や病院，医療器具などへの興味がふくらみはじめます．気になることで意気投合し，探究やごっこ

遊びが始まると，仲良し関係が組み変わって広がります．そこで，リアルさを追求する手がかりとして医療に関わる保護者の話を聞いたり，近所の医院を調べてみたりすると，いくつかの活動が複線的につながるプロジェクト的な活動へと発展していきます．

また，絵本で親しんだカッパややまんばから手紙が来た，地図が届いた，どうする？　確かめてみたい！　どうやって？…といったホンキの想像探検遊びのなかでは，普段ケンカしがちだった子ども同士が力を合わせ役割を分担して集団を導くような力を発揮することもあります．いつもの生活場所とは異なる「第3の世界」での経験が5，6歳児たちの心を強く結びつけ，その場にいなかった人に伝えたくて，「えっと…あのね，そしてね」と話し言葉がすじみちをつくって豊かに展開されていきます．

遊びや自分たちの生活をつくりかえていく力をそなえはじめる発達の主人公たちは，「第3の世界」に繰り出してホンモノの自然や文化的な素材，いつもは出会わない人（専門家など）と出会う"新鮮な"体験を求めています．"とても一人じゃやりきれない"と思うほどの仕事をまかせられたり，"ひとりふたりじゃ楽しくない"ルールのある遊びを楽しんだりするなかで，自分たちで考えて役割を分担するような協同性や創造性を発揮します．"みんなが必要としている"と実感できる役割であれば懸命に果たそうとするでしょう．

体験していないことをあたかもしたことのように語る「ウソ」や，わざと集団からはずれるような姿は，こうした"新鮮な"体験が不足している場合にみられがちです．自分たちとは異なるルールをもつ集団や，いつもの生活では目にすることができない世界，いつもの先生とは違うセンセイと出会い，「あたりまえ」だと思っていたことが「ホントはそうではない！もっとすごい世界があるんだ！」と気づけるような"新鮮な"体験を源泉として新しい発達の力が新たな交流の手段を獲得していくと考えられます．

（2）　自分たちの生活を自分たちでつくる ── 複数の時間軸を

時間的な「間」の充実という点から，日々の活動や保育計画について考えてみます．「隣の組といっしょになるのが土曜日でその次はお休み」といった法則性に気づく5，6歳児は，クラスのカレンダーを作りながら「リズムの日」

「もうすぐクッキング」「あと○にち寝たらお泊り保育」のように，日常のアクセントを心に刻んで楽しみにしはじめます．しかし，行事が立て込んでいると，「……までに□□しなければ」と逆算的に急かして迫ることになりかねません．子どもたちの日々の関心や発見を拾い，一人ひとりの要求を出しあいながら行事の中身自体を新たにしていくという発想も必要です．日々の活動が少し長い見通しに結びつくように，「…だから…する」という生活上の必要性と子どもたちの中での必然性を大切にすることが求められます．常におとなの計画通り進むような展開では物足りず，ふざけてトラブルになったり活気がなくなったりすることがあります．

　縄や竹馬，劇遊びなどに使う道具は，素材や作り方を工夫すれば，子どもたちの手で作ることができます．布を三つ編みにする，のこぎりや金槌，針などの新しい道具と出会って「書いて―切って―組み合わせる」など，3工程を含む活動に挑戦して時間をかけて作品を作りあげる楽しさを味わってほしいと思います．長い時間をかけて受け継がれ育まれてきた日本の伝統や文化を，子どもたちの時間的見通しと遊びの内容を豊かにするという二重の意味で保育・教育に生かしていくことが望まれます．

（3）仲間の中で信頼性を培う ── 教え合い，話し合い

　長い時間をかけてだんだんできていく活動，「技」への挑戦が好きになるとともに，「相手がわかるように教えてあげたい」と願い，説明する力が育ってくる5歳児は，「教える」力を発揮できる場面を求めています．クラスでみんなに，グループでお互いに，年少クラスに出向いて，など，複数の集団関係の中で教えたり教えられたりする経験のなかで，"できる"自分のうれしさが「相手もできるようになる」二重のうれしさとして積み重ねられていくことでしょう．ある所でできるようになったことを，今度はそれを教える側に替わってみる，異なる場面でやり方を変えてみる──そういう「かえ方」の自由度を高めていくなかで，「だれともかえることのできないジブン」の値うちを実感し，多面的なジブンに気づいていくのではないでしょうか．誰しもできることとできないことがある，できないことは教えてもらったり助けあったりすればいいんだ，という実感をもって自分と仲間に対する信頼性を培っていくことが

できはじめる時期であると考えられます.

　また，すじみちをつくって話そうとする子どもたちは，友だちの言ったことを，「ちがう．だって，……」「そうや．でも，……」と受け，あるテーマを保持して意見を出しあうことができてきます.「いい―悪い」「できる―できない」という二分的なものの見方をこえて，「…だったら，いいよ」「…したら，できるんじゃない？」などと，さまざまな条件を考え，対立する意見の「間」をむすぶ「第3の道」を模索する力もめばえてきます．生活の中で「誰か」が感じた“おかしい”“困る”ことを，「他にもそういう人いないかな？」と問いかけ，「みんなの問題」として日常的に考えあうことが大切です.

　これまで「あたりまえ」に守られていたルールを破る，自分勝手に変えて従わせようとするなどの振る舞いが目立つ場合は，こうした話し合いによって「よりよいルール」に変えていくチャンスでもあります．おとなの都合や正論を押しつけるのではなく，他ではどうしているのだろうか，小学校ではどうか，科学的に見るとどうか，など，「第3の世界」を取り入れて自分たちの生活を見つめ直し，「…するほうがいい」という合意をつくっていければと思います.

　「同じ」ことに対しても，自分と友だちとでは感じ方や考え方が“ちがう”ことに気づいたり，初めは“ちがう”と思ったことが話し合いのなかで“同じところもある”と気づいたりする経験を通して，一歩深い「同じ」に迫っていく力が育っていくのではないでしょうか.「第3の世界」やルールを媒介とした生活・遊びにおける親密な仲間関係をくぐって，友だちもジブンも多面的，多価的であることがわかり，一歩深いところでわかりあい通じあえる発達の主人公になりゆくのだと思います.

文　献

別府哲（1989）五－六歳．荒木穂積・白石正久編，発達診断と障害児教育，青木書店.
　　pp.175－205.

A. ゲゼル（依田新・岡宏子訳）（1967）乳幼児の発達と指導．家政教育社.

A. ゲゼル・F.L. イルグ・L.B. エイムズ（山下俊郎・大羽綾子・神山正治訳）（1983）
　　改訂学童の心理学――5歳より10歳まで．家政教育社

ジョルジュ・ジャン（矢島文夫訳）（1990）文字の歴史．創元社.

木下孝司（2008）乳幼児期における自己と「心の理解」の発達．ナカニシヤ出版.

岡本夏木（1983）小学生になる前後——5～7歳児を育てる．岩波書店．

Santrock, J.W.（2016）Life-Span Development（16th ed）. McGraw-Hill Education.

富田昌平・山名裕子（2019）5歳児．心理科学研究会編，新・育ちあう乳幼児心理学，
　　有斐閣．pp. 185 − 207.

保育計画研究会編（2004）保育計画のつくり方・いかし方．ひとなる書房．

田中昌人・田中杉恵（1988）子どもの発達と診断5　幼児期Ⅲ．大月書店．

内田伸子（1996）子どものディスコースの発達．風間書房

ワロン著（浜田寿美男訳編）（1983）身体・自我・社会．ミネルヴァ書房．

全国保育問題研究協議会編（2006）人と生きる力を育てる～乳児期からの集団づくり～．
　　新読書社．

7章　7〜9歳の発達と発達診断

楠　凡之

1　7歳児の発達的特徴

　小学校への就学を迎えた7歳ごろの子どもたちは，小学校の新しい生活環境に慣れるにつれて，自分の生活世界をどんどん広げ，「ぼうけん，たんけん」のイメージをふくらませながら学校や身近な地域を探索するようになり，虫さがしや生き物の観察などに夢中になる子どもたちも出てきます.

　友だちとの遊びでは，さまざまな種類のオニごっこや陣地取り，キックベースなどの遊びが盛んになってきます. このような集団遊びの中ではお互いの思いがぶつかってさまざまなトラブルが起き，口ゲンカも絶えることはありません. まだ子どもたちだけでトラブルを解決していくことは困難で，おとなが間に入らないといけないことも多いのですが，自分の思いを受けとめてもらい，また，相手の思いを聞いて納得すると，何事もなかったかのように再び遊びはじめることができるのも，この時期の子どもたちの姿です.

　ピアジェはこの時期を「具体的操作期」の前期とし，発達の諸局面で「系列化操作」が獲得され，それが学習や生活のさまざまな場面で発揮されるとみました.

　ここではいくつかの局面に分けて，7歳児の発達的特徴をみていきます.

（1）自分の成長の自覚と仲間への共感

　1年生の終わりごろに，この1年間でやれるようになった自慢を話してもらうと，子どもたちは「コマが回せるようになったよ」「跳び箱で五段まで跳べるようになったよ」というように，自分の成長した点，がんばった点を口々に

語ってくれます．さらに，「自分は前跳びしかできないけれども，お兄さん（お姉さん）は難しい跳び方ができてすごいなあ．自分も早くやれるようになりたい」というように，学校や学童保育の年長の子どもたちに憧れを抱くようになり，自分もその課題に挑戦していきたいという意欲を育んでいきます．

　ほかの友だちが自分よりもコマ回しなどでうまくやれていると，負けたくないという思いから，さらに練習する意欲も生まれてきますが，逆に，友だちと自分を比べてしてしまい，自分が勝てないと思うと一気にやる気をなくしたり，その課題に取り組むのをやめてしまうこともあります．しかし，これまでの自分のがんばりや成長を先生にしっかりと認めてもらったり，友だちから励ましてもらうと，気持ちを立て直してがんばることも少なくありません．

　また，大人が「ふとしくんのリサさんへの言葉，とってもやさしかったね」と評価し，「やさしさ」などの目に見えにくい評価の基準を伝えていくと，子どもたちもその評価の基準を受けとめて，さらにいろいろな観点からお互いの成長やがんばりを認めていけるようになります．

　このようにして，さまざまな活動を通じて「がんばった自分」が認められ，自分の成長やがんばりに誇りを感じられるようになると，友だちの成長やがんばりも認めることができるようになり，「みんな，がんばってるよね！」という発達的な共感関係を築いていくのです．

（2）系列化操作の獲得

　「6章　5〜6歳の発達と発達診断」で述べたように，通常の場合，5，6歳ごろに系列化の力の獲得が始まりますが，それはまだ直感的なものです．したがって，円系列の描画課題のように目に見える課題であれば，少しずつ大きな円になるように系列的に描くことはできますが，頭の中の推論によって系列化操作を実行できるようになるのは，通常の場合，7歳ごろからです．たとえば，ピアジェは，A，B，Cの3本の棒（ただし，AとB，BとCしか比べられない）という条件のもとで，棒の長さのA＜B＜Cを導き出す力がこの時期に育ってくるとしています（ピアジェ，1999）．

　また，系列化操作の獲得にともない，7歳ごろになると繰り上がり，繰り下がりのある計算問題にも取り組むことができるようになります．また，部分と

全体との関係も理解できるようになり，算数の文章題で言えば，「公園に12人の子どもがいます．そのうち，男の子は7人でした．女の子は何人でしょうか」の問題などで，全体（子どもの総数）と部分（男の子の人数）との関係を理解したうえで計算できるようになっていきます．

（3）文脈形成力の発展

7歳ごろの子どもたちは，日々の生活体験や生き物の発見などを他者に伝えたいという思いが強まってくるなかで，朝の会や授業などで自分の体験を発表する機会があると喜んで話してくれます．このような機会を通して，自分のお話を共感的に聞いてもらった子どもたちは，やがて，絵や文字を使いながら，自分の生活体験や発見を表現するようになっていきます．

次の作文はある児童の1年生の7月ごろの作文です（平川，2016）．

ばあちゃんのはたけ

あのね，きょうね．ばあちゃんのはたけで　いもほりをしたよ．
すこっぷで　いっかい　ほったら　土の中から　いっぱい　いもが　でてきたよ．みみずもでてきたよ．
それでね，とうもろこしと　おくらは　上をむいて　なっていたよ．
きゅうりと　なすびと　ピーマンと　トマトと　まめは　したになっていたよ．
いもと　たまねぎと　にんじんは　土の中になっていたよ．
ねぎとなっぱは　土の上に　なっていたよ．

このように，子どもたちの心が動かされる体験活動や発見があり，それを他者に伝えたいという思いを基盤にして，子どもたちは話し言葉だけでなく，書き言葉でも文脈形成力を豊かに発揮できるようになっていくのです．

2　9，10歳ごろの子どもたちの発達的特徴

この時期は障害児教育の分野では，聴覚障害や軽度の知的障害の子どもたちが学力的に伸び悩む時期であり，そのために「9歳の壁」という言葉が使われ

たこともありました．その後，知的障害の子どもだけではなく，外国籍で母語が日本語ではない子どもや困難な養育環境に置かれている子どもがしばしば学習上のつまずきを抱える時期としても，9，10歳の時期が注目されるようになりました．田中昌人はこの9，10歳ごろを「変換可逆操作の階層」への飛躍的移行の時期としました（田中，1987）．

ここではいくつかの局面からみていきます．

（1）具体的思考から抽象的思考，論理的思考への移行

脇中（2009）は「9歳の壁」を越えると，「非現実的な話が理解できる」「因果関係を厳密に考えられる」「論理的な思考ができる」「記号が自由に操作できる」ようになると指摘しています．このような具体物から離れた論理的思考が獲得されてくるのが，この9，10歳ごろの時期であると言えるでしょう．

脇中は，岸本（1984）が聴児に行ったのと同じ問題を京都聾学校高等部の生徒に実施して，その結果を比較しています（脇中，2009，p.132）．

それは以下のような問題です．

①太郎は，みかんよりもアメの方が好き．アメよりチョコの方が好き．太郎の好きなものを順に書け．
②もし，ネズミが犬より大きくて，犬がトラより大きい時，大きい順に書け．
③A，B，C，Dの4つの町がある．AはCよりも大きく，CはBよりも小さい．BはAより大きく，DはAの次に大きい．4つの町を大きい順に書け．

①の問題は系列化操作の力を獲得した7歳ごろの子どもであれば解ける問題ですが，②は「現実から離れた思考」「言葉だけを操作して思考する」ことが必要であり，③になると具体物の支えは一切なく，論理的に考えることが求められる課題です．岸本は①の問題を小学校2年，②を小学校3年生，③を小学校4年生の学力課題であるとしました．

脇中（2009）は京都聾学校高等部の生徒で実施したとき，①の正答率は82%，②の課題の正答率は50%，③の課題の正答率は39%であったとし，②と③のどちらの課題ができたら「9歳の壁」を越えているとはっきり言うことはできな

いが，高等部の子どもたちで「9歳の壁」を越えている生徒は4割前後という印象を抱いていたので，この結果はうなずけるものであったと述べています．

（2）目に見えない関係を理解して「変換」していく力の獲得

ここでは，教科の学習内容との関係でみていきます．算数の単位変換を例にとると，「3mは何cmですか」，「200cmは何mですか」という課題で，「1m＝100cm」という関係を「保存」しながら，「m」から「cm」に，逆に，「cm」から「m」に変換することができるようになります．つまり，どちらの方向にも「変換」することができるようになるのです．

また，社会科の地図の学習などでは，学校を「⊗」，郵便局を「〒」の記号で表現したり，逆に，そのような記号の意味を理解したりというように，意味を「保存」しながら記号に置き換えたり，記号の意味を読み取る力も獲得されていきます．つまり意味を「保存」しながら他のものに「置き換える」（置換）操作が獲得されてくるのです．

また，概念の階層関係を理解し，上位概念と下位概念のどちらからどちらへも置き換えることができる力が生まれてくるのもこの時期です．

たとえば，近年，学校現場で多く用いられるWISC‐Ⅳ知能検査の「類似」の課題では，「ピアノ―ギター」（「ピアノとギターはどんなところが似ていますか」と問う），「クレヨン―鉛筆」などの問題がありますが，これらの質問に対して「楽器」「書くもの（あるいは筆記用具）」などの上位概念で答えられるようになるのが，9，10歳頃の時期であると言えるでしょう．

また，逆に「楽器の名前を言ってください」と言われて，「ピアノ，ギター，リコーダー，バイオリン…」というように，それに属するものを理解して，いくつもの例を述べることも可能になります．

ところで，脇中（2009）は絵カードの分類の方法が小2〜小3と，小4〜小5とでは異なっており，小2〜小3の子どもだと，「金魚→魚，ハト→鳥」というような自分の基本的な概念によって一対一対応で分類していくのに対して，小4〜小5になると，カード全体を見渡して，「動物になるものはこれとこれだな」というように，上位概念から出発した分類作業を行えるようになると指摘しています．すなわち，「9歳」までは，下位概念（「ハト」「スプーン」な

ど）を中心として思考するのに対して，「９歳」以降は，上位概念（「生物」「家具」など）から出発した思考も可能になってくるのです（脇中，2009，p.110）．

（3）「集団的自己」の誕生と自治の力の発達

　9，10歳ごろは，かつては「ギャングエイジ」と呼ばれ，最も活動的，行動的な時期であると言われてきました．この時期，子どもたちは，多くの場合，同性の子どもと徒党を組んで集団を築き，その中で仲間の掟や秘密の世界を創造していきます．

　この時期の子どもたちは適切な機会が与えられれば，自分たちの興味・関心に合わせて多様なグループを形成し，そこで自分たちの手でルールを創造しながらさまざまな活動に興じていきます．

　田中はこの時期を「集団的自己」の誕生の時期としました（田中，1987，pp.144-145）．「我々意識」が強まり，お楽しみ会のプログラムや遠足の計画なども，「大人の手を借りずに自分たちの手でやりとげたい」という意欲を育んでいきます．それと同時に，この「集団的自己」の誕生は集団のウチとソトの意識を強め，「排他的なグループ」を築いたり，発達障害の子どもなどに対する一面的な評価にもとづいた「異質性の排除」としてのいじめを生み出す危険性も生じてきます（楠，2012，pp.82-83）．

　しかし，多様な活動を通じて仲間のよいところを発見できるようになると，生物係長を任せられていた自閉スペクトラム症の子どもが「あいつは変わった奴だけど，きちんと金魚や亀の世話をしていて偉い」と仲間から評価された例にみられるように，お互いに対する多面的な理解を築いていくことが可能になる時期でもあります（岩佐，2018）．

　ところで，この時期の「自治の力」を支えているのが，活動のめあて（目標）や全体の枠を意識しながら計画を立てる力の発達です（加藤，1990）．たとえば，遠足の計画などでも「9時に出発して，16時には学校に帰ってこなければならないので，全体の時間は7時間」というように，枠を意識しながら，往復の時間や滞在時間などを考えた計画を立てることも可能になってきます．もちろん，この時期にはまだ多様な視点を考慮して計画を立てることが困難な

ため，電車の乗り換え時間が考慮されていない，というように問題がある計画になることもしばしばですが，この「全体の枠を意識して計画を立てる力」は，「集団的自己」を誕生させた子どもたちが「おとなの手を借りずに自分たちの手でやりとげたい」という意欲を支える発達的な基盤でもあるのです．

（4）相互的な関係理解と友人関係の深まり

　同じ『トムとジェリー』[1] のビデオを見せたときでも，7歳ごろの子どもと9，10歳ごろの子どもとでは，反応にかなりの違いがあります．

　7歳ごろの子どもの多くは，登場人物の一方の視点に立って物語を見ています．したがって，ジェリーのいたずらに腹を立てて，毒薬をつくってジェリーを殺そうとしたトムが，逆にジェリーにさんざんやっつけられる物語を楽しんで見ています．ところが，9，10歳ごろの子どもの場合，「そりゃあ，トムも悪いと思うけど，最初にいたずらをしたのはジェリーの方なのに，トムをあそこまでやっつけるのはちょっとトムがかわいそう」というように，ジェリーの視点だけではなく，トムの視点も同時に考慮しながら考えることができるようになってきます．

　また，この時期の発達は個人の内面の理解にも大きな変化をもたらします．7歳ごろの子どもたちであれば，人の心の中に存在する感情は「うれしい」や「かなしい」などの一つだけの感情として理解されていることがほとんどです．しかし，9，10歳ごろになると複数の視点を考量することができるようになるがゆえに，心の中に「うれしい気持ち」と「かなしい気持ち」というような複数の感情が同時に存在する可能性を理解できるようになっていきます．

　このような対人関係理解の発達とも相まって，この時期は同性の友人とのより親密な関係が始まる時期でもあります．しかし，その一方で，相手の自分への思いが理解できてくるがゆえに，相手からどう思われるかが不安になり，自分の思いを表現することに抑制的になってしまう場合も出てきます．渡辺も「間接的な表現から相手の気持ちを汲むなどもできるようにな」る一方で，「自意識過剰になる傾向が強くなるため，傷つくのを恐れて感情を抑え込んだり，逆にコントロールできない状況も出て」くるとしています（渡辺，2011，p.210）．

　しかし，「どういう友だちが本当の友だち？」という質問に対して，多くの

子どもが「ケンカできる友だちが本当の友だち」と答えることに見られるように，この時期の子どもはお互いの思いをぶつけあっても崩れない，確かな友情を求めてもいるのです．ある仲良しの４年生の男子は，二人で卓球をしている間，ずっと相手への悪口を楽しそうに言い続けていました．その姿は悪口を言いあっても崩れることのない「友情」を確認しあっている姿でもありました．

（5）自己客観視の力の誕生

このような対人関係における相互的な理解にともなって，子どもたちが関わっている多様な人間関係の中で，自分の言動などに対する他者の評価をより客観的にとらえることができるようになります．たとえば，「おれ，すぐにカッとなってしまうねん」，「私は恥ずかしがり（おこりんぼ）です」というように，自分の得意や不得意だけでなく，他者の目から見た自分の行動や性格を客観的に評価することもできるようになってきます．田中はこの９，10歳ごろの時期を「自己客観視」の成立する時期としました（田中，1987）．

また，渡辺は，この時期，「国語はいいけど，スポーツはダメ」というように，自分を運動，勉強，友達関係などのカテゴリーに分けてとらえられるようになり，それぞれの領域ごとに得意や不得意についての自分の考えをもつようになるとしています．また，「先週はダメだったけど，今週は調子がいい」といった複眼的な見方もできるようになってきます（渡辺，2011，p.71，p.207）．

しかし，この自己客観視の成立にともない，自分の能力や置かれた状況を客観的に理解することによって自尊感情が一気に低下する危険性も生じてきます．自閉スペクトラム症の診断を受けていたマサルは，ある時期から突然，学習意欲がなくなり，教科書を開かないだけでなく，周囲から筆箱を奪ったり，叩く・蹴るなどの暴力的なちょっかいを繰り返し，制止されるとさらにヒートアップして暴言，暴力を爆発させるようになりました．そこで支援学級の先生が，「最近，調子悪いやん．どうしたん」と問いかけると，マサルは「先生，俺，検査に行ってん．検査，俺もっとできると思ってたのにほとんどできへんかってん．できることとできないことの差が大きいって先生に言われた」と語りはじめました．「検査がほとんどできなかった自分」を客観的に理解できるようになったがゆえに，すっかり自暴自棄になってしまっていたのです．しかし，

こう語った日から，マサルは「俺も障がい者？　俺の障がいって何？」とよく担任に尋ねてくるようになりました（神坂，2018）．

このように，自分を客観的に理解できることで一気に自尊感情が低下する危険性も生じてくるだけに，「集団的自己」が誕生してくるこの時期に，仲間集団の中で承認されている自分をしっかりと確認し，自己肯定感を育んでいけるように援助することがとりわけ大切になってくるのです（楠，2012，pp.143-148）．

3　発達診断の方法

（1）　主として9，10歳の発達的力量をみる課題

1）「語の類似」

新版K式発達検査には「私がこれからどこか似ている二つのものの名前を言います．その二つのものがどう似ているか私に言ってください．船と自動車はどう似ていますか」「鉄と銀はどう似ていますか」「茶碗と皿はどう似ていますか」という課題があります（新版K式発達検査研究会，2008，pp.220-221）．

7歳ごろの子どもに実施した場合には，「船は遅いけど，自動車は早い」というように問いの意味を誤解して系列的な比較をしたり，「対の思考」（ワロン，1968）の影響を受けて，「船は川を走るけど，自動車は道路を走る」というように答える場合もあります．「対の思考」とは，「船―川」「自動車―道路」というように，言葉の「対」に縛られた思考のことです．そのために「対」から離れて共通の基準を取り出して比較することが困難になるのです．

このような答え方をした場合には，「船と自動車の似ているところを言ってください」ともう一度質問してみます．7，8歳の子どもでも，「船も自動車も動く」「どっちも人が運転する」，（鉄と銀について）「どちらもかたい（重い）」というように，共通の用途や属性などを答えることができる子どももいます．9，10歳ごろになると，概念の階層関係が理解されるため，「どちらも乗り物」「どちらも金属」というように，二つのものが属している共通の上位概念で答えることが多くなります．

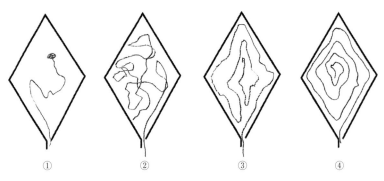

図　財布探しの課題の具体例

２）財布探し

　同じ検査に１か所が開いている菱形の絵を子どもに見せて，「これは広い広い運動場です．短い草が一面に生えています．もしあなたが，この中のどこかで，お金のいっぱい入った財布を落としたと考えてごらんなさい．その落とした財布を，きっと見つけ出そうと思ったら，どういうふうに歩いて探したらよいでしょうか．この入り口（指さす）から入って，あなたが探すときに通るところを，この鉛筆でここに描いてごらんなさい」と質問する課題があります（新版Ｋ式発達検査研究会，2008，p.149）．この課題は，仮定や全体の枠組みを理解して計画を立てる力を見る課題であり，９，10歳ごろの子どもたちの計画性を見るうえで有効な課題です．

　７歳ごろの子どもの場合，この課題では，図の①，②のように，自分の好きなルートをたどって探そうとしますが，「広い広い運動場であること」「短い草が一面に生えていて，近くまで行かないと発見できないこと」という仮定の意味を理解して，財布を必ず見つけるための具体的な計画を立てることは困難です．しかし，たとえ課題を通過することはできなくても，入り口から途中まで線を引いていって，「ここに財布があった！」というように自分なりの道筋をつくっていこうとする努力を受けとめていくことが大切です．

　９，10歳ごろになると，「広い広い運動場である」という仮定の意味を理解して「財布を見つける」ために必要な計画（プラン）を立てることができるようになります．ただし，図の③のように，まだそのための計画は荒削りな部分

があります.「広い広い運動場」であり，かつ，「短い草が生えている」というような複数の仮定を考慮したうえで計画を立てることは，この段階でもまだ困難です．④のように，この複数の仮定を踏まえて正確に課題の解決ができるようになるのは，通常の場合，発達的には11歳ごろになると考えられます.

9，10歳の子どもに実施して，その探し方に計画性が認められない場合には，「本当にその探し方で財布を必ず見つけることができるかな」とさらに質問してみたり，「ここは広い広い運動場だよ」「短い草がいっぱい生えているんだよ」と仮定の部分をもう一度確認し，子どもがそれらの教示を受けとめて探し方に変化がみられるかを確認します．

3）算数的推理

①3本15円のえんぴつを6本買うと，お金はいくらになりますか.

②赤ちゃんのミルクをつくります．大さじ1杯の粉ミルクで20mlのミルクがつくれるとしたら，120mlのミルクをつくるには，粉ミルクは大さじで何杯になりますか.

③たかしくんは1週間のおこづかいとして，350円をもらいました．毎日同じだけ使うとしたら，1日に使えるお金は何円でしょうか.

最初は口頭で質問を出し，答えられなかった場合，あるいは答えを間違った場合には，問題文を見せて考えてもらいます．

①の問題で言えば，3本15円という関係を理解し，6本は数が2倍だから30円という形での推論もできるし，3本15円だから1本は5円，だから6本だったら30円という形で推論することもできます．

また，暗算では答えられない子どもには，紙と鉛筆を用意して，「大さじ1杯が20ml」というように，子どもたちが実際に絵や図を自分で描きながら，二つのものの間にある「関係」をとらえて操作しようとする力の育ちを見ていきます．また，「わからない」と課題を投げ出してしまう子どもに対しては，鉛筆などの実物を用意して，「これが3本で15円だよね．そうしたら，6本でいくらになるかな」と具体物での手がかりも入れながら考えてもらい，自分一人では解けなくても，具体的な援助があれば問題を理解することができるかどうかをみていきます．

（2）他者理解と自己認識のありようを検討する課題

1）登場人物の感情の理解

「自分のかわいがっていた子犬がしんでしまってかなしんでいる友だちがいて，その友だちは，『子犬を見ると，しんだ子犬のことを思い出してとてもかなしい気もちになる』と話しています．その友だちのたんじょう日に子犬をプレゼントしようかどうか，考えています．子犬をプレゼントしたら，その子はどんな気もちになるでしょうか」という文章を，子どもに声を出して読んでもらい，答えてもらいます．

　7歳ごろの子どもの場合，「プレゼントをもらってうれしい気持ち」と答えるか，その友だちの発言に着目して「しんだ子犬のことを思い出すからかなしい気持ち」と答えるか，どちらに着目するかは子どもによって異なりますが，どちらか一方の視点から友だちの感情を考えます．その場合に，「でも，友だちは子犬を見るとかなしくなるって言ってるけど…」と，もう一方の視点からの質問をすると，「うれしい気持ち」と答えていた子どもが，「あっ，ちがった，かなしい気持ち」と答えを変えることもありますが，そのように自分の答えを変えても葛藤はあまり感じないようです．それに対して，9，10歳ごろになると，「ふつうの気持ち．新しい子犬をもらってうれしい気持ちと前の子犬のことを思い出して悲しい気持ちがごっちゃになっている」という答えに見られるように，心の中に複数の感情（視点）が同時に存在する場合があることが理解でき，複数の視点を考慮して，友だちの気持ちを推論しようと努力するようになります．また，その移行期では，「でも，プレゼントをもらったらうれしくないかな？」と揺さぶりをかけると，「うーん，どっちだろう？」と悩み，揺れ動く子どもも出てきます．そのような子どもの揺れ動きや葛藤の中に，複数の視点を関係づけようと努力する子どもたちの姿を見ることができます．

2）自己認識の課題

【20答法】

「あなたは自分をどのような人だと思っていますか．20通りの方法で書いてみてください」という説明文を最初に書き，「わたし（ぼく）は……」という文を20個書いてあるB4判の用紙を子どもに渡して書いてもらいます．これ

は「書き言葉」を使って自己客観視の力の育ちをみる課題です.

　7歳ごろの子どもの場合,「さんすうがすきです」「さかながきらいです」というような自分の好き嫌いの記述が主ですが,しだいに「ほんよみがとくいです」「てつぼうがにがてです」というような,自分の得手,不得手をとらえた記述が多くなっていきます. 9,10歳ごろになると,「恥ずかしがりです」「すぐにカッとなります」「友だちが少ないです」というような,自分の行動や性格,人間関係などを他者の視点からとらえて評価した記述が増えてきます.また,子どもによっては「日本人です」「地球に住んでいます」というような,抽象的な記述が多く出てくる場合もあります.

　この課題では,書き言葉を用いて「自己客観視」,つまり自分を多面的に評価できる力がどれだけ育ってきているのか,それにともなって自己評価がどのように変化してくるのかを見ていきます.

【自分自身の変化の認識】

　「あなたが前と比べて変ったと思うところはどんなところですか」と口頭で質問します. 7歳ごろの場合,「背が高くなった」「漢字が書けるようになった」というように自分の具体的な変化や成長を複数の観点から評価する力の育ちを見ることができます.「わからない」と答えたり,あるいは一つしか言わないような場合には,「他にも変わったところはないかな」と尋ねます.それでも「ない」と答える場合には,自己形成視の力の育ちを生活全体でのようすも含めて検討していきます. 9,10歳ごろの子どもの場合,上記のような内容に加えて,「友だちが増えた」「前よりもケンカをしなくなった」,また「怒りっぽくなった」「前よりも自分が嫌いになった」のように,他者との関係の中での自分の変化や自分の性格の叙述が増え,自己客観視の力の育ちを見ることができます.自分のことが客観的に見えてくるがゆえに,自分自身の否定的な変化についても言及するようになってきますが,肯定的な変化の言及がなく,否定的な表現だけが出てくるような場合には,その子どもの日々の生活体験や人間関係のありようを丁寧に検討していくことが課題になってきます.

4 教育指導上の留意点

（1）7歳ごろの教育指導上の留意点

1）豊かな生活体験とそれを表現できる機会を

　低学年の子どもたちが自分たちの発見や感動を一生懸命に話し言葉で表現できる機会を保障していくことはとても重要なことです．そのことが自然や社会への事実認識を築いていくと同時に，文脈形成力をさらに確かなものにしていくのです．

　しかし，そのためにも，自分が体験した個々の場面の豊かなイメージをもっていることが，経験を文脈化して綴っていくための前提条件になります．今日，子どもたちの周囲の自然や事物との豊かな関わりが減少してきているだけに，地域探検などの活動を通してさまざまな事物に触れあう機会を保障したり，教室の中に生き物などを持ち込んで，意図的に多くの生き物に触れあえるような教育的なはたらきかけが必要です．次の文章は2年生の子どもの日記です．

トカゲ
あっ，トカゲだ　あっ，ミミズを食べた　うあー，すごい　かむ力がすごい
そして，ぼくはミミズをひっぱった　そしたらつよい力をだした．　心のなか
で　とかげは強いと思った

イモムシ
きのう，いもむしをみつけた　とてもちっちゃかった
さわってみたら　動かなかった　　はっぱの上にのっけた．
今日，雨がふった　いもむしたち　大丈夫かなと思った．
またげつようびに　みつけにいきたいなあと思った．

　このようなリアルなイメージを描ける生活体験があるからこそ，子どもたちはその感動を文章にして綴っていくことができるのではないでしょうか．低学年の時期には，そのような豊かな生活体験とそれを日記などで書いたり，発表

したりする機会を意図的に創造してく指導が求められます.

2）仲間との発達的な共感関係と共同の力でつくりあげる喜びを

　7歳ごろの，具体的な基準で他者と自分を比較する力の育ちは，うまくはたらけば，お互いに切磋琢磨しあう関係になりますが，「自己形成視」の力が十分に育っていない子どもの場合，かえって他者との比較の中で「できない自分」を強く感じてしまい，学習や活動への意欲を失う危険性も生じてきます．それだけに，一人ひとりの子どもたちの成長やがんばりを目ざとく見つけて評価していくおとなの肯定的なまなざしと，それを子どもにとってわかりやすく実感のもてる方法で伝えていく工夫がとても大切です．

　また，課題をもつ子どもの興味・関心を引き出しながら，その子どもが活躍できる機会，仲間から認められていく機会をつくっていくことも大切です．

　ある2年生の学級にADHDとLDの診断を受けているヨシオ君がいました．ヨシオ君は字を書くのがとても苦手で，作文はけっして書こうとしませんが，絵はとても上手でした．授業中，ヨシオ君がノートに見事なゴジラの絵を落書きしているのを見つけた先生は，ヨシオ君に大きなゴジラの像を学級に作ることを提案します．そして，ヨシオ君の絵をモデルにし，ヨシオ君の指示のもと，みんなで大きなゴジラを作り，それが完成すると他のクラスの子どももそれを見に来て，「すごい！」と口々に言い，ヨシオ君もとてもうれしそうでした．

　このように，発達特性をもつ子どもの得意なところが発揮され，仲間集団の中で認められていくことを通して，学習意欲につなげていく取り組みもこの時期の重要な課題になってきます．

　それと同時に，みんなで魅力のある目標を共有し，何日もかかって取り組めるような活動を保障していくことも大切です．ある1年生のクラスでは，3学期に「クラスのみんなでがんばりました」の自己評価の花マルが20個たまったら，「おばけ屋敷」をみんなでつくることを先生と約束し，その目標に向かってがんばりました．目標を達成すると子どもたちは大喜び．授業の遅れを心配する担任の先生をよそに，子どもたちはとても熱心に「おばけ屋敷」の制作に取り組み，大満足でした．子どもたちが目標に向かっていっしょに取り組める活動を大切にすることも，個人的な競争を越えて，子どもたち同士の発達的な共感関係をつくり出していくものになるのです（楠，2005）．

3）トラブルを子どもたち自身の手で自治的に解決していく取り組みを

　日々の生活や遊びの活動などでは，お互いの意見が対立する場面がしばしばあります．しかし，それはけっして否定的なことではありません．むしろ，その中で生じてくる子ども同士のトラブルこそが，この時期の子どもたちにとっては「発達の源泉」となる世界であると言ってもいいでしょう．

　もちろん，トラブルをそのまま放置しておいていいということではありません．仲間集団の中で生じてくるさまざまなトラブルを，ときには紙やホワイトボードなども使って丁寧に整理し，自分の思いと相手の思いの間で折りあいをつけていけるように援助していく取り組みが重要になってきます．

　また，その際には，「行動にはワケがある」ことを子どもたちが理解できるように援助していくことも大切です．当然のことながら，他の子どもを叩いたとか，モノを投げつけた，というような，子どもの問題行動だけに視点をあてれば，やった方の子どもが一方的に悪者にされてしまいます．しかし，「どうしたのかな」と穏やかに問いかけていくなかで，「ああ，そうか．わざとじゃなかったのに，友だちから強く注意されたのがいやだったんだね」というように，行動の背後にある思いや感情を丁寧に言語化し，相手の子どもにも伝えていくことが大切です．このようにして，ややもすると結果だけで判断してしまいがちなこの時期に，相手の行動の背後にある思いを理解できるように援助していくことが重要です．そのようにして双方の思いや感情を明確化していくことができれば，相手への理解が深まるだけでなく，お互いの願いが満たされる問題解決方法を子どもたちといっしょに考えていくこともできるのではないでしょうか．

（2）9，10歳ごろの教育指導上の留意点

1）「集団的自己」を育むための自治活動の保障

　先にも述べたように，9，10歳ごろは自分たちの手で集団を自治的に運営していく意欲と力が育まれていく時期です．しかし，今日，一日の授業時間が長くなり，子どもたちが放課後に学校や学童保育などで自治的な活動を展開していくことは非常に困難になってきています．また，放課後の生活世界が塾やスポーツ団体などの，おとなによって管理される世界になってしまっていること

もしばしばです．それだけに，学校や学童保育の場では，意図的な指導によって子どもたちの自治的な活動を保障し，ギャングエイジのエネルギーを思いっきり発揮できる活動を積極的につくっていくことが求められています．

小4の学級担任の大木乃（2016）は，子どもたちに学級内クラブ（クラクラ）を提案すると子どもたちはドッジボールクラブや都道府県クイズクラブ，何でも決勝戦クラブ，アニメクイズクラブ，工作クラブ，ひまつぶしクラブ，K-POPダンスクラブなど，多様なクラブを立ち上げています．このような，それぞれの子どもたちの興味・関心，自由な発想を生かした多様な文化活動を自治的に運営していく取り組みは，自分や仲間に対する多面的な評価を築いていく力にもつながっていきます．

また，子どもたちが魅力を感じられる行事や活動を子どもたちが主体的に計画，実行していく機会を保障していくことも重要です．

学童保育指導員の中野（2010）は，3，4年生の「おとまり会」の取り組みを報告しています．中野はまず，おとまり会が始まる午後4時から翌朝の8時半までの時刻表をつくり，子どもたちに事前に渡すことによって，「全体の枠を意識しながら計画を立てる力」を発揮できる機会を保障しています．

子どもたちは花火，肝試し，宝探し，指令書ゲームなど，自分がやりたいことを激しく主張しあいながらも，お互いの意見に何とか折りあいをつけてプログラムと時刻表づくりを行っていきます．また，プログラムづくりの過程では，「はずかしいからみんなと一緒に銭湯のお風呂に入るのはいや」という女児の拒否にぶつかり，そこから出てきた父母からの反対意見も受けとめつつ，何とか女児を説得して全員参加のプログラムを実現していきました．

中野は「最初は自分のことばかり主張していた子どもたちが，話し合いを繰り返していくうちに，その過程で生まれた矛盾やトラブルを友だちや親の立場も視野に入れながら解決していく力を少しずつつけていきました．予測を立てたり，理由や根拠をあげて，活動に見通しを持って話し合いができるようになっていく姿には4年生らしい成長を見ることができました」とまとめています．

この「おとまり会」は全体の枠を意識して計画を立てる力や，お互いの思いや立場を考量した問題解決方法を考える力など，9，10歳ごろに育まれる発達の力を最大限に発揮できる機会を創造する取り組みであったといえるでしょう．

また，集団遊びの場面で，低学年の子どもや障害をもつ子どもの思いや立場も考量しながら，みんなが参加できる「遊びのルール」を自治的に創造していく取り組みも重要です．学童保育指導員の小林は，1年生がシュートをすると5得点とか，車イスの子も参加できるようなルールが，遊んでいる子どもたちの話し合いでつくられていく実践を紹介しています（小林，2010）．

　このようにして低学年の子どもや障害がある子どももいっしょに参加できる遊びのルールを子どもたちの手でつくり出していく取り組みも，9，10歳ごろに育まれてくる発達の力を最大限に発揮する機会を保障するものであると考えます．

2）生活体験の中での学びを大切に

　9，10歳ごろは二つのものの間にある，目に見えない関係を理解できるようになる時期です．しかし，目に見えない関係をとらえるためには，やはり生活経験に根ざした学びが大切です．近年，学力向上の名のもと，子どもに大量のドリルなどの宿題が出されることも多くなっています．しかし，9，10歳ごろの子どもたちにとって大切なことは，生活との結びつきの中で目に見えない関係を発見，理解していく学びの機会なのではないでしょうか．このような取り組みは学童保育などの生活の場でも実践していけるものでしょう．

　ある学童保育ではおやつの準備を子どもたちが当番で行っています．ひと袋に12個のお菓子が入っている袋をいくつ開ければ，50人の学童保育のみんなにおやつを配ることができるのか．みんなにコップ1杯ずつのジュースを用意しようと思ったら，2リットルのペットボトルが何本必要なのか．一つの机に6人座れるとしたら，今日の人数だったら机はいくつ出す必要があるのかなど，様々な問題が出てきます．それを自分たちが解決しようとするなかから，子どもは算数の学習の大切さを感得してくれることでしょう．

　そのような生活に根ざした「学びの機会」の保障は「具体的思考から抽象的思考へ」と子どもたちが離陸していくための発達的な援助となると考えます．

3）お互いの思いを理解しあい，相互尊敬の関係を育む

　9，10歳ごろがお互いの視点を相互的に考慮して問題を解決する力が生まれてくる時期であることは先に指摘しました．しかし，現実のトラブルの場面で冷静に考えることはなかなか困難であり，それ以前の一方向的な関係理解に戻

ってしまうこともしばしばです．また，今日，仲間集団で集団遊びや自治活動の機会が保障されていないことも，トラブルが生じたときに口頭での話し合いで解決していくことをいっそう困難にしています．それだけに，生じてくるトラブルを子どもたちがお互いの思いを理解し，尊重した形で問題解決を図っていけるように丁寧に援助していくことも必要です．

　たとえば，事件が起こったときに，両者の関係（視点）を理解するために，お互いの発言や行為などを記述しながら考える方法や，ロールプレイなどの形で実際に「再演」していく方法などが重要になってきます．

　そして，これらの方法は子どもたちの相互的な関係理解を築いていくための発達援助として重要であり，さらに言えば，自閉スペクトラム症の子どもたちにとっても有効な取り組みとなることもあります（楠，2012，p.142）．

　自閉スペクトラム症の子どもの抱える発達的な困難として，「シングルフォーカス」の問題が指摘されることがあります．自分の視点から離れて，相手の視点に立って考えることの困難さもその一つの例でしょう．それだけに，両者の視点（両者の思い，つもり）を書き出し，目に見える形でとらえられるように援助していくことが，お互いの視点を相互的に考慮していくための一つの手がかりにもなっていくのです．たとえば，トラブルが生じた場面をいっしょに振り返りながら，お互いの視点（思いや感情）を読み取り，「このときはこういう思いだったんだよね」「本当はこうしたかったんだよね」というように言語化して理解しあっていくことが，お互いの視点を考量しながらトラブルの原因や問題解決の方法を考える力を育むことにつながっていくのです．

　ちなみに，ピアジェはこの時期に個人相互の関係において「相互尊敬（mutual respect）の原理」が実現されるとしています（ピアジェ，1999）．この個人相互の関係において，お互いの思いを理解し，尊重しあう関係を実現していくことこそが，9，10歳ごろの社会性発達の中心的な課題の一つであると言えるでしょう．

4）自己への多面的理解と友情を育む子ども集団づくり

　9，10歳ごろの時期の自己評価は仲間集団からの評価に依存する部分が大きいだけに，自分が所属している集団の中で自分が評価，承認されないことは子どもの心に大きな影響を及ぼします．それだけに，まず，子どもたちが所属す

るグループや学級が子どもにとって安心して生活できる居場所になる取り組み
を進めていくことが何よりも大切です．

　また，この時期は自分の悩みや寂しさなどを等身大に表現し，共感しあって
いくなかで，友人との深いつながりを築いていくことができはじめる時期でも
あります．子どもたちは仲間集団や友人関係の中で承認されている自分を発見
し，さらに，お互いの悩みや思いを表現しあえる人間関係を希求していくので
す．

　先に紹介した自閉スペクトラム症のマサルは3年生のときには，些細なこと
で激しくキレ，一度キレると誰の言葉も入らなくなり，とめどなく暴力と暴言
を繰り返し，複数のおとなが力ずくでその場から離して別室に入れるしかない
という日々を繰り返していました．マサルには「自分が優位に立てないとすぐ
に自分が馬鹿にされたと思い込んで，相手に攻撃的になる」「物事を判断する
ときは，常に自分の思いや感情が先行し，相手の思いや考えを容認することが
できない」「トラブル時に他者には謝罪と反省を執拗に求めるが，自らの行為
や暴言，暴力への反省はほとんど見られない」など，対人関係場面での一方向
的な理解からくる，著しい困難さを抱えていました．

　しかし，そのようなマサルに対して支援学級の担任の先生は，仲間との集団
遊びの機会を保障するとともに，そこで必然的に生じる他児とのトラブルにつ
いては，マサルと相手の子どもの両方の思いを丁寧に聴き取って合意形成を図
る，マサルが全エネルギーを注ぎこめる身体活動を保障し，葛藤を乗り越えて
いく援助を行う，おとなとの関係だけでなく，仲間との親密な関係を創造し，
同じように衝動性で苦しむ友人を支援できる機会を保障する，などの取り組み
を行い，そのなかでマサルは大きく変化していきました．

　5年生の3学期，マサルは「クラスの友だちからマサルは普通やし，優しい，
と言われて，俺ほっとしてん」「俺，最近ちょっかい出してないから，今の俺
のことかな．俺，ちょっかい出せへんことに慣れてきた．最初はしんどかった
けど，今はその方が気持ちがいい」「先生，俺，成長してるよな」と担任の先
生に語っています．この言葉は，紆余曲折はありながらも，教員との信頼関係
や仲間集団との確かな友情の関係を支えにしつつ，マサルが自己肯定感に裏付
けられた自己客観視の力を育んでいったことを感じさせられるものでした．

このように，障害の有無にかかわらず，この時期，さまざまな活動を通して仲間集団内での相互承認の関係を創造していく機会が保障された時，子どもたちは，「自分の思いと相手の思いの両方を大切にする」という，9，10歳ごろの自我・社会性の発達課題を豊かに乗り越えていくことができるのです．

注

1）身体は大きいが，おっちょこちょいでどこか憎めない部分のあるネコのトムと，体は小さいが頭脳明晰で，追いかけてくるトムをさらりとかわすネズミのジェリーのドタバタ劇をユーモアたっぷりに描いたアメリカのアニメ作品.

文　献

岩佐光章（2018）ASD の長期経過. 季刊精神療法，Vol.44 No.2，pp.221 – 227.

平川美和（2016）〈一年生の入門期〉書きたくなる気持ちをひきだしながら 日本作文の会編（2016）「書くこと」の授業を豊かに――書くことでアクティブラーニングの先へ. 本の泉社.

神坂大河（2018）マサルの居場所を教室に――マサルが変われるきっかけは彼を理解し寄り添うクラスの仲間だと信じて. 全生研第60回全国大会紀要，pp.45 – 48.

加藤直樹（1987）少年期の壁をこえる―九，十歳の節を大切に. 新日本出版社.

岸本博史（1984）計算の力をきたえる. たかの書房.

楠凡之（2005）気になる子ども 気になる保護者. かもがわ出版.

楠凡之（2012）自閉症スペクトラム障害の子どもへの発達援助と学級づくり. 高文研.

楠凡之（2013）虐待 いじめ 悲しみから希望へ. 高文研.

小林春恵（2010）障がいのある子の放課後生活. 宮崎隆志編，協働の子育てと学童保育――共同学童保育で育つ札幌の子どもたち. かもがわ出版.

中瀬惇（2005）新版K式発達検査にもとづく発達研究の方法. ナカニシヤ出版.

中野乃梨子（2010）子ども集団の育ち――おとまり会の取り組みをとおして. 宮崎隆志編，協働の子育てと学童保育，かもがわ出版.

大木乃亮（2016）少年期を思いきり過ごせる学級を. 生活指導，12・1月号，pp.6 – 13.

ピアジェ（滝沢武久訳）（1972）発生的認識論. 白水社.

ピアジェ（滝沢武久訳）（1999）思考の心理学（新装）. みすず書房.

新版K式発達検査研究会編（2008）新版K式発達検査法2001年版――標準化資料と実施法. ナカニシヤ出版.

田中昌人（1987）人間発達の理論. 青木書店.

ワロン（滝沢武久・岸田秀訳）（1968）子どもの思考の起源 上. 明治図書.

脇中起余子（2009）聴覚障害教育 これまでとこれから コミュニケーション論争・9歳の壁・障害認識を中心に. 北大路書房.

脇中起余子（2013）「9歳の壁」を越えるために 生活言語から学習言語への移行を考える. 北大路書房.

渡辺弥生（2011）子どもの「10歳の壁」とは何か？　乗りこえるための発達心理学．光
　文社新書．

 「発達の障害」と発達診断

「発達の障害」と発達診断

白石正久

1 「発達の障害」をどう理解するか

（1）時代を50年さかのぼる

　まず，私たちが集う全国障害者問題研究会（全障研）の結成大会（1967年）の基調報告を紹介しましょう．すでに50年以上の歳月が経ちましたが，今日にも通じる視点がそこにはあります．

　「これまでわたくしたちは，はやく，たくさん，たくみに答えを出すことをめざす体制の中で育てられてきたので，発達とは，できないことができるようになる，上へのびていくことだという理解のしかたをしてきました．（中略）機能別あるいは領域別に比較し，ちがいとおとっている点をかぞえあげることを発達研究とよび，細かい尺度をつくって，できないことができるようになることをおいもとめたりします．つまり発達とは個人が連続的，調和的に上へのび，社会に適応していく過程だと理解していたわけです．
　しかし教育実践の中で発達とは，そのような受身的，連続的な適応の過程ではなく，主体的に外界にとりくみ，外界を変革していく過程としてとらえなければならないのだということをしり，討議をすすめることができてきました．それによって，IQなどをすてることもできるのではないかといわれたりしています．しかも，発達はたとえば，獲得した操作のしかたが高次化するという，ひとつの方向へのびるだけではなく，獲得した操作のしかたを，志向的に，豊かな自由度をもって高めていく，いわばヨコへの発達を必然的に内包しているのだということも討議することができだしました」（全障研，1997）．

この当時の発達や障害に関する研究のほとんどは，知的障害（当時は「精神薄弱」）などの障害について，発達の「遅れている」特徴（遅滞性），「劣っている」特徴（劣弱性）を分析しようとするものでした．こういった研究方法は，人間を単線的な尺度で比較する社会的意識と調和するようにつくられてきます．IQ（知能指数）やDQ（発達指数）という尺度には，このような比較や区別によって遅滞性や劣弱性を測定しようとする意図がありました．さらにIQやDQを用いて，人間を成り立たせているさまざまな機能・能力の状態のアンバランスを描き出し，障害に固有な傾向や人格特性を説明しようともされてきました．そこには，障害のある人とない人を差異においてのみとらえ，障害のある人を発達や障害が固定して変わりにくい存在としてみることへの反省的な視点はありませんでした．つまり，障害のある人びとを人間としての普遍性や共通性において理解しようとする視点は，当時の発達研究には乏しかったのです．

　また，このような遅滞性や劣弱性を類型化しようとする試みは，「できないことをできるようにする」「遅れている機能・能力を引き上げる」あるいは「障害の宿命的特徴だとして発達や教育を放棄する」ような教育の方法と結びついていました．そこでは感情，意志などの人間としての内面世界は看過され，受動体としてとらえる認識がもっぱら形成されていったのです．

　そのような状況に対して，1960年代当時「滋賀県立近江学園」や「重症心身障害児施設びわこ学園」などにおいて，「障害のある子どもの再発見」と言うべき事実が見出されていきました．「寝たきり」と言われた重症児が，粘り強い実践のなかで生涯においてはじめての笑顔を見せた姿，介護の保育士のオムツを換える手を助けようと，あらん限りの力によって腰を浮かそうとする姿，「動き回る」といわれた多動な子どもが，すくってはこぼし，押しては戻す動きのなかで，1歳半ころの発達の質的転換期の「…ではない…だ」という新しい発達の操作様式（1次元可逆操作）を自分のものにしようとしている姿がありました（「びわこ学園」の療育記録映画『夜明け前の子どもたち』1968年制作など）．

　これらの実践は，どんなに障害の重い子どもも自ら外界にはたらきかけ，そうすることで外界と自分自身を創造し，変革していこうとする発達の主体であることを見出していったのです．そして，外界との相互交渉や他者とつながる

なかで形成されていく能力や人格，自己の内面に包摂されていく自然や文化，そして認めあい，力をあわせて生きていこうとする共同性などの豊かさを総体としてとらえ，「ヨコへの発達」という観点を提起していきました．

　障害のある人びとへの指導実践においてなされた視点の転換は，その実践の成果を確信しあうことで人と人がつながり，子どもを理解する目を高めあいながら，発達への権利を守り育てる全障研などの活動や研究として発展してきました．

　しかし50年の歳月を経た今，このような転換の試みが前進しているかは，冷静に認識すべき状況にあります．とりわけ，わが国においても，市場経済の優先と基本的人権の軽視などを至上とする新自由主義によって，経済活動のみならず，福祉，医療，教育などの人間の生命と発達を保障すべき仕事までが，利潤の追求，成果主義，自己責任原則を旨としてつくり変えられようとしています．その政策や法制度の下で，善意ではあっても子どもの内面性や人格性を顧みず，他動的かつ性急に行動変容させようとする指導や支援が試みつづけられています．

（2）発達を理解する基本視点としての連関と自己運動

1）全体と連関をとらえる視点

　発達や障害に関わる研究・実践を，子どもの側に立って進めていくための基本となる視点は，子どもの現実をありのままとらえようとすることでしょう．「ありのまま」とはどういうことでしょう．

　そもそも科学研究や実践は，ものごとの全体の構造やしくみを理解しようとする姿勢をもっているものです．ある一部分だけに注目してしまうと，ものごとを見誤ったり，適切なはたらきかけができません．レーニンはそのことを，「全面性の要求」として次のように述べました．「対象を本当に知るためには，そのすべての側面，すべての連関と媒介を把握し，研究しなければならない．われわれはそれを完全に達成することはけっしてないだろうが，全面性の要求は，われわれが誤りや硬化に陥るのを防いでくれる」（レーニン，1965，原著は1921）．連関とは，事物・事象・認識のなかにあるつながりのことであり，媒介とは事物・事象・認識のつながりを仲立ちするはたらきのことです．「全

面性の要求」として求められているのは，分析的であろうとしてついつい視野が狭くなり，思い込みに陥りがちな私たちの認識の癖をわかって，常にものごとのすべてと，その相互の連関の仕方をとらえようとする姿勢をもちつづけるということです．

発達研究においても，人間を構成する機能・能力のうち，一つをテーマとする分析研究がなされてきました．しかし人間は，要素的な機能・能力の単なる集合体ではなく，それぞれの機能・能力が連関しあいながら，まとまりのある実体と活動をつくりあげ，発達していきます．そこには目に見える機能・能力だけではなく，感情や意志・意欲のような情意が含まれています．こういった発達の連関をとらえる視点の大切さについては，すでにⅠの22 ～ 23ページで述べられています．

2）障害のある子どもの発達の連関の特殊性

同じ発達の時期において獲得される能力・機能といえども，すべてが互いに他を必要とするような分かちがたい連関を示すわけではありません．また，本来は連関しているようにみえる機能・能力において，障害による特徴的な「ずれ」が生じることがあります．

発達における機能・能力の連関の「ずれ」を大きな視野のマクロの視点でみると，障害のある子どもでは，障害がない場合にはみられない，発達段階を隔てての「ずれ」が生じることがあります（これを「発達の層化現象」と言うこともあります）．たとえば，脳性マヒのような運動障害があると，認識発達は進行しながら，運動機能は障害による制約を受けることになります．自閉症スペクトラムがあると，運動機能や手指操作の発達は進行しながら，特定の認知機能，対人関係，コミュニケーション手段などの獲得に制約があるとされます．

さらに，ある発達段階のなかにある機能・能力の連関に分け入るミクロの視点でみると，同じ領域の機能・能力のなかにも，障害に起因する発達の連関の特徴がみえてきます．

乳児期の前半の発達の階層において，ここちよい音や声に気づくと，それを見ようとするような聴覚と視覚の協応が芽生えてきます．ところが運動障害が重い子どもの多くに，聴覚刺激の把握が先行し，視覚刺激の把握が制約されることがあります．教育が，聴覚優位の反応に依拠して聴覚刺激ばかりの教材を

提示すると，子どもは「見つける」ための眼球や身体の運動を行わなくなります．聴覚と視覚の協応に「ずれ」が生じやすいという発達の内の傾向と，それに対して教育がどうはたらきかけるかという外の傾向が相互に関わって，「ずれ」が拡大・固定，あるいは軽減・変化していきます（白石，2016）．

　また，1歳半ころの発達の質的転換期において，二つの事物の異同の視覚的弁別や記憶が可能になるころには，事物・事象の空間の位置関係，時間の順序関係の認識と記憶が芽生えはじめます．それと連関するように，二つの事物・事象の一方を選択したり，いずれを行うべきかと思考し，かつ他者の意図と自らの意図を並列しながら，「…ではない…だ」と自—他の葛藤を繰りひろげます．しかし自閉症スペクトラムの子どもは，弁別・記憶が進行しながら，「…ではない…だ」と思考・操作することと，自—他の調整の発達に制約がみられます．その優位な弁別・記憶の力に依拠し「視覚支援」と称して，「AのつぎはB」「CのとなりはD」というような時間的空間的な関係づけをすることは容易かもしれませんが，思考や自—他の調整の発達をいっそう困難にすることもあります（白石，2007，2011，2012）．

　このような機能の連関における「ずれ」のプロフィールを描き出し，「強いところ」に依拠して全体の「スキルアップ」をはかる，「弱いところ」に繰り返しはたらきかけて「引き上げる」方法が提唱されたりしますが，それらは子どもの機能・能力の「ずれ」をみても，子どもの心のありようをみない，機械的な指導と言うべきでしょう．

　障害による制約を被っていても，子どもは現下の発達可能性によって，外界にはたらきかけようとします．視覚の障害が重くても，大好きな人の声の聴こえる方向にまさぐるように眼球を動かすことはないでしょうか．マッチングで学習された時間的空間的な順序（スケジュール）によって生活していても，本当にしたいことがあるならば，既存のスケジュールに抗するようになることはないでしょうか．子ども自身が自らの要求によって，発達の連関の「ずれ」をのりこえようとしはじめるときがあるのです．

（3）発達は内的矛盾を原動力とする自己運動

　一人ひとりの能力や人格は先天的に決定されているのであり，発達は遺伝情

報の発現であるとの遺伝決定説は，今でも社会のさまざまな階層に根深く存在しています．一方で，発達は環境の包摂の結果であり，「早期教育」を行えば，いかようにも能力を伸ばせると喧伝されるような，環境のみが能力を決定づけるとの環境決定説もあります．双方の一元論を批判して，発達は遺伝と環境の輻輳（ふくそう）によると説いても，それだけでは発達の原動力（原因）を説明することにはならないでしょう．その相互作用のしくみそのものが解明される必要があるからです．そのときに，外界と自己に対峙する主体としての子どもの意識のありようを探究することが大切な視点となります．

　子どもを発達の主体として認識する立場は，発達の原動力を子どもの内的世界に求めます．発達にとって，教育などの外的条件が適切であることはきわめて大切ですが，それを取り込むのは他ならぬ子どもの能動的な活動であり，その活動をつくりだしている子どもの内的条件です．この視点を，ルビンシュテインの「外的原因は内的諸条件を介して作用する」という命題が説明しています（ルビンシュテイン，1981，原著は1959）．

　さらに発達の原動力をめぐる議論で日本の教育研究に影響を与えたのは，当時のソビエト連邦における発達と教育の関係をめぐる議論でした．とくに1956年から58年にかけて行われた討論のなかで提案されたコスチュークの論文「子どもの発達と教育の相互関係について」（コスチューク，1982，原著は1956など）は反響を呼びました．これは，当時の教育万能論の誤りを克服し，子どもについての「全面的研究」の必要を提起するものであり，子どもの発達を「内的矛盾を原動力とする自己運動の過程」としてとらえたことに意義がありました．自己運動には，二つの意味があります．一つは，事物・事象は一見，とどまっているようにみえても，常に変化（運動）しているということ，もう一つはその運動の原動力（原因）は，事物・事象の外ではなく内にあるということです．

　このコスチュークの命題については，Ⅰの23ページで説明されています．発達の志向は，その願い通りではない現下の自分があるからこそ存在します．そのように区別・対立しながら，互いに他を必要としている関係を矛盾と言います．矛盾の関係は，そのままの状態で両立しつづけることができず，変化・発展が起こらざるをえません．それゆえに現実に存在する矛盾は，変化・発展を

引き起こす原因，あるいは原動力なのです．

　ここでいう志向とは，以下でもたびたび用いる言葉ですが，意識がある方向に向かっていることであり，そこには主体の要求や憧れなどの心のはたらきがあります．「願い」と言い換えることもできるでしょう．

　この「原動力」という用語は，「エネルギー」（energy）または「力」（power）という意味理解を招きやすいものですが，「原因」と同義であり，「しくみ」（mechanism）あるいは「法則」（law）という意味や文脈で理解されるべきでしょう．この「エネルギー」と「しくみ」を区別したうえで，相互の連関のなかで発達を理解することが大切です．発達の原動力は，自動車で言うならば前進のための「しくみ」である「エンジン」が備わるということです．そして「エンジン」の駆動には，やはり「エネルギー」が必要であり，それなしには前進運動は起こりません．発達の前進運動の「エネルギー」は，外からポンプで注入するようなものではなく，道すがら，自動車の運転手である子どもが自ら食べていくものです．子どもの自動車のエンジンの状況（レベル）をみながら，ちょっとがんばれば「食べられる大きさ・柔らかさ」で「食べてみたくなる」ように調理して用意するのが，広い意味での教育の役割です．子どもは道々で，それらを食べたくなったときに，自分の今の食べるレベルとの矛盾をもちます．教育の応援を受けてそれをのりこえていくことによって，「エンジン」は駆動力を高めていくのです．

　つまり発達は，このような内的矛盾によって引きおこされる自己運動であり，それに対して教育は，このような内的矛盾の生成にあずかり，それにはたらきかけ自己運動を導く，もっとも意識的な作用です．コスチュークは，「発達を自己運動として理解することは，この運動を教育的に指導するという課題を捨て去るものではなく，その実現に成功する道をさし示すものである」としたうえで，発達をうながす教育は，「子どもの自己運動をたくみに呼びおこし，これに方向性をあたえ，子どもの創意性，自主性，創造的な積極性，自分の行動を調整し改善する能力などの形成を促進する」ものであるとしています．

2「発達の障害」をとらえる

（1）「発達の障害」とは何か

1）我が国における「発達障害」概念

　「発達障害」という概念は，我が国の場合，「発達障害者支援法」による定義「自閉症，アスペルガー症候群その他の広汎性発達障害，学習障害，注意欠陥多動性障害その他これに類する脳機能の障害であってその症状が通常低年齢において発現するもの」と同じ意味で使われ，自閉症スペクトラム，LD，ADHD等のことを指しています．これは，米国精神医学会の精神疾患の診断・統計マニュアルである「DSM-Ⅳ」「DSM-Ⅳ-TR」，世界保健機関（WHO）の疾病及び関連保健問題の国際統計分類である「ICD-10」において，自閉症のグループを「広汎性発達障害」としていたことからとられた名称です．

　このように自閉症とその近縁のグループのことを「発達障害」とすることに対して，一般的な広い概念をあてることは混乱を招くとして，法案審議の当初から批判がありました．

　さらにDSM-5（最新版）では，自閉症のグループに対して「広汎性発達障害」は使われなくなり，「神経発達障害」（neurodevelopmental disorders）という上位の概念が設けられました．これに含まれるのは「知的障害」「自閉症スペクトラム」「注意欠陥多動性障害」「特異的学習障害」「コミュニケーション障害」「運動障害」（「発達性強調運動障害」などのいわゆる不器用，重症のチック）などとなりました．「神経発達障害」は，①発達期に起源をもつ病態群であり，発達期の早期（多くの場合には就学前）に顕在化する，②個人の機能，社会的な機能，学業や職業の機能に障害を生じるような発達の制約があるという広い定義であり，先述のように「知的障害」も含まれています．

2）発達障害を法則的に理解する

　このような「発達障害」をめぐる用語の問題を整理するとともに，発達障害の定義を発達の遅れや偏りなどの時間の断面での現象説明にとどめず，その顕在化の過程から導き出される法則的な認識へ向かうべきだと私は考えてきました．

さらに，知的障害，ダウン症，自閉症スペクトラム，脳性マヒなどという「個別の障害」（原因疾患）に起因する発達障害を明らかにしていくことは大切な研究ですが，個々の機能障害に視野を限局し，差異の分析に偏重してしまう危惧もあります．いろいろな障害に起因する発達障害に研究対象を広げると，たとえば乳児重症ミオクロニーてんかん（SME）という難治なてんかんのある子どもと知的障害のある自閉症スペクトラムの子どもに，1歳半の発達の質的転換期の発達の連関に，後述の「マッチング反応」という共通する特徴が見出されたりします（白石，1994）．そういった分析を総合すれば，「個別の障害」に共通する発達障害のメカニズムの研究へと進むことができるのではないでしょうか．まさにそれは，人間の普遍・共通の発達過程に生じた障害という意味で，発達障害と称すべきものでしょう．

　その課題意識は，田中昌人による以下の提起に学ぶものでもあります．「発達障害は，いわゆるおくれの程度として段階づけられる側面をもつと同時に，それだけに還元されない質をもっている．それは人間の発達における基本的に共通の弁証法的発展法則のうえになりたつ質である．発達障害の顕著な特徴は可逆操作の高次化の障害としてとりだされるが，それはさらに可逆操作力と可逆操作関係の矛盾の自己運動障害と見ることができる」（田中昌人，1980．ここでの「可逆操作力と可逆操作関係の矛盾」を具体的に説明するための研究は，未だ課題となっています）．

　田中の提起によれば，障害のある子どもの発達過程は，発達障害をもっていたとしても，原動力としての内的矛盾（「対立物の統一と闘争の法則」）をはじめ，弁証法の発展法則[1]が成り立つという点で，人間としての普遍性と共通性に貫かれています．そして発達障害は，その普遍・共通の発達過程に生じた発達の内的矛盾の生まれにくさ，発展しにくさという「自己運動の障害」として把握されるということです．さらに，その自己運動の障害が，個別の障害に起因する発達の連関の「ずれ」などの特殊性とどのような因果関係にあるのかという重要な研究課題があります[2]．

　自己運動の障害としての発達障害のとらえ方を，知的障害を例にして考えてみます．知的障害には，まず同じ年齢の人に比べて「…ができない」という機能・能力の未到達があります．この「遅れ」は固定的ではなく，やがて新しい

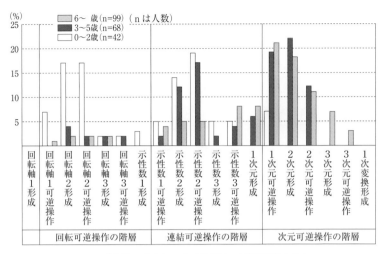

図　「発達の障害」のある子どもの発達段階の分布

機能・能力を獲得することができるはずですが，なかには発達の質的転換に長く時間がかかることもあります．遅れの程度はさまざまであっても，「変わりにくさ」という特徴が「発達の遅れ」に内在する可能性があります．その「変わりにくさ」をもたらすのは，原因となる中枢神経系の成熟の遅れや機能障害の重さ，そして外的環境の問題ですが，それだけではなく，発達の原動力である内的矛盾の生まれにくさ，発展しにくさに関わる要因があるとみられます．仮に発達の遅れは大きくとも，発達が確かに変化しているときには，「発達障害が重い」ということにはなりません．逆に発達の遅れは小さくとも，発達が長く変化しにくいときには，何らかの「自己運動の障害」が想定され，「発達障害が軽い」ということにはならないでしょう．

　さて，すでに述べたように「発達障害」という用語は，我が国では自閉症スペクトラムなどに限られる概念として使われるので，それとの混同を避けるために，本章においては，発達の自己運動の障害という意味で，「発達の障害」と呼ぶことにします．

（2）「発達の障害」の現れと発達診断の視点

　ここでは，発達の自己運動の障害としての「発達の障害」を，発達診断においてどのように把握するかを検討します．各章で取り上げた発達診断の代表的

な項目を参照しつつ解説していきましょう．

「発達の障害」は，発達過程のなかでどのように現れ出るのでしょう．私が，かつて発達相談において対象とした「発達の障害」のある子どもの発達段階を，「可逆操作の高次化における階層―段階理論」によって**図**にまとめました（前ページ）．図の理解の手がかりとして，本書「はじめに」の図2（6ページ）を参照してください．

発達の「階層―段階」の名称（概念）の意味は，各章で可能な限り説明されています．各階層の段階の名称に含まれる「1」「2」「3」という数字は，子どもが外界にはたらきかける操作の複雑さのレベルであり，発達段階が「らせん階段」のように繰り返されながら，高次化していくことを表わしています．

図において，構成人数の多い発達段階には，発達の質的転換に時間を要す事例が多いと推察されます．つまり，乳児期前半の発達の階層の生後2，3か月ころの発達段階（回転軸2形成期，回転軸2可逆操作期），乳児期後半の発達の階層の生後8，9か月ころの発達段階（示性数2形成期，示性数2可逆操作期），幼児期の発達の階層への質的転換期である1歳半ころ（1次元可逆操作期），2歳後半〜4歳ころの発達段階（2次元形成期，2次元可逆操作期）です．

以下では，紙幅の制約がありきわめて限られた事象の解説にとどまりますが，「発達の障害」を素描してみます．

1）生後2，3か月ころの発達段階における「発達の障害」

重い痙直性四肢マヒやウエスト症候群（点頭てんかん）などの難治性てんかんのある子どもは，姿勢・運動において非対称から対称への移行（36〜37ページ参照）が難しく，左右一方を向きつづける片側性が強まる傾向があります．ここちよい人の声や顔，玩具などを見よう，聴こうという志向が高まらないために，非対称性緊張性頸反射やマヒに影響された非対称姿勢を克服していく運動が発動しないようです．親や先生の顔を見つけようとする能動的な運動を起こさず，その人の声が聴こえたら反射的に笑顔になるような聴覚のみの外界把握になってしまいがちです．つまり，音源を探索するための聴覚と視覚の協応（**写真1**）が発動しにくい傾向があります（白石，2016）．

この快の刺激への能動性とは，たとえば左右・頭足の方向への往復追視の課

題（43ページ参照）において，途中で赤い輪から視線が離れてしまっても，再び見つけて追視を続けるような志向の確かさのことであり，「途切れても，もどる」活動となって観察されるものです．この「途切れても，もどる」活動は，高次の発達段階においても，活動の継続や発展の基盤となる大切なことであり，その評価が発達診断の基本視点の一つとなります．

写真１
耳元で鳴る鐘を見つけた３か月児
この月齢では支座位の負荷は大きいが，それに負けずにがんばった．

２）生後８，９か月ころの発達段階における「発達の障害」

生後８，９か月ころの発達段階における「発達の障害」は，座位をとれるようになり，７か月ころの乳児期後半の発達の階層への質的転換を達成したようにみえても，「対追視」課題（42ページ参照）で（「一方」だけではなく）「もう一方」へも視線を向ける「見比べ」の難しさ，（「一方」だけではなく）「もう一方」へも手を伸ばす「リーチング」の難しさなどとなって現れます．また，「一方」の手から「もう一方」の手への「持ちかえ」を繰り返したり，その「持ちかえ」のときに玩具の表裏を返して目で吟味するような，対象との間接性のある操作（**写真２**）がみられにくい傾向があります（白石，1998，2016）．これらは，「途切れても，もどる」活動の不確かさでもあります．結果として，回転玩具などの一つの対象を片手で回しつづけるように，「一つの対象」「一つの接点」「一つの操作」で活動が限られてしまいます．

このとき，玩具をつかんだり操作した後で，その変化の事実をまなざしを交わすことで伝達しようとする（**写真３**）ような，活動を介在させて他者と関わろうとする志向の高まりにくさがあります．

障害がない場合，この発達段階においては「愛着」「分離不安」などとされる行動があり，積極的に特定の人間関係を形成し，それを支えにすることによって不安をのりこえていきます．「発達の障害」がある場合には，この心理的拠点としての「第二者の形成」の不確かな事例が多いでしょう．

**写真2　一度は口に入れながら，目で吟味して対象の性状を確かめよう
とする7か月児**

このとき，「持ちかえ」が対象の多様性を発見するうえで，大切な役割をする．

**写真3
「新版K式発達検査」の「小鈴と
瓶」課題**

「小鈴と瓶」を見比べてから，相手に
たずねるようにまなざしを向けてくる．
このように，対象と相手との関係を能
動的に探索しようとするまなざしが，
外界への志向の表現の一つとなる．

3）1歳半ころの発達の質的転換期における「発達の障害」

【意図をもって活動を自己調整することの困難】

　1歳半ころの幼児期の発達の階層への質的転換期における「発達の障害」の
一つは，「入れる・渡す・のせる」などの定位的活動を展開・発展させていく
ことの難しさとして現れます．「積木の塔」の課題（83 ～ 85ページ参照）を提
示すれば積んでくれますが，途中でくずれたときに活動が途切れてしまって，
「もう一度」積んでみようとするような「途切れても，もどる」こと，そして
慎重に積んでみようとするような活動への「調整」が不確かな状態です．「積
む」という操作はできるのですが，そこに「積もう」という意図（目的）が確

写真4　積木のそれぞれの位置に応じて，左右の手を使い分ける1歳6か月児
この課題の導入時には，一方の手を繰り返し使い，この交互使用はしなかったが，自分の活動として心が生き生きしてきたことによって，両手を使い分けるようになった.

認されにくいと言えます.

　あわせて，「一方」の手で一つの積木を自分の前に引き寄せ，そこを基点として「もう一方」の手で積み上げていくような，自分の活動領域を定めようとする意図が確かではありません. この場合，積み重ねていくことはできても，「一方」の手のみを使うことが多く，机上の積木の位置によって，それぞれの手を「…ではない…だ」と切りかえながら使い分けること（**写真4**）はみられにくいでしょう. この特徴が顕著だと，一つひとつの定位的活動を他者と共感・共有しようとする「まなざし」があまりありません.

　それは，活動の目的と活動領域を自己決定して，自らの意図で定位的活動を積み重ねていく，「行為の主体」としての自我の誕生が不確かであることと連関しているようにみえます（白石，2011）.

【自―他の調整を介在させた「…ではない…だ」（1次元可逆操作）の発揮の困難】

　この発達段階での「発達の障害」には，もう一つの傾向があります.「形の弁別課題」などにおいて，刺激図版と切り抜き図版をあわせるような同じ形の弁別・選択はできても，「同じのどれ？」という問いに対して指さしなどで応答する「可逆の指さし」（**写真5**）はできないことがあります. 私は，この傾向が長く続くことを「マッチング反応」と称しました（白石，2011，2012）. つまり，自己内での弁別や選択は可能であっても他者の意図を受けとめたうえで，自―他の調整を介在させて，それを行うことが困難なのです.「マッチング反応」が顕著な時期には，自らが学習し記憶している時間的・空間的順序関係を保とうとし，変化に抵抗する「同一性保持」がみられます.

写真5 「形の弁別Ⅰ」という「新版K式発達検査」の課題

通常は，「刺激図版」の上に「切り抜き図版」をマッチングさせる課題であるが，「同じのはどれですか？」と尋ねて，指さしでの応答を待ってみる．指さしで，答えてくれた2歳児．

このような傾向が続いても，定位的活動において，それを共感し意味づけてくれる他者への関心が生まれ，その意図を受けとめはじめると，形の弁別課題などでの「問い」に対して，「…ではない…だ」と思考・操作して，指さしなどで応答するようになります．他者と意図の折りあいをつけようとする自─他の調整がみられはじめるときでもあります．

4）2歳後半～3歳ころの発達段階における「発達の障害」

【他者の意図を受けとめたうえで自─他を調整することへの抵抗】

2歳後半ころの発達段階における「発達の障害」は，たとえば，積木の構成課題（107～110ページ参照）において，典型的な姿をとって現れます．

障害がない場合，1歳半ころの幼児期の発達の階層への質的転換においては，「積み切る」さらに「並べ切る」という1方向的（1次元的）構成を意図的に行います．2歳になると「途切れても，もどる」活動を経て，「積み切ったから，次は並べてみよう」というような「つながり」のある展開を楽しむようになり，ほどなく「トラック模倣」「家の模倣」のような「たて」と「よこ」をつなげた2方向的（2次元的）構成を，モデルに応じて，あるいは自発的に行えるようになります（この積木構成の発達的変化については，109ページ図1参照）．この2次元的構成への過渡的段階では，子どもはこの課題を，少し難しく感じるようで，モデルの上に自分の積木を載せてしまう「接近行動」になることもあります（**写真6**）．接近行動は，たとえば1歳の「なぐり描き」段階の子どもが，おとなが描いた「円錯画」のモデルに対して接近し，その上に描きこむように，自分のレベルでは少し難しいときに誘発される傾向がありま

す（白石，2011，p.144）．この過渡
的段階では，「トラック模倣」のモデ
ルに対して，左右対称の「対称的2次
元構成」（田形，凸形）で応える時期
もあります．

　「発達の障害」がある場合，上記の
ようなモデルへの接近行動や「対称的
2次元構成」の段階が長く続くことが
あります．このとき，トラックのモデ
ルの「荷台」に自分の積木を載せよう
とする要求があるようで，トラックと

写真6
**ついついトラックのモデルに自分の積木
を載せてしまう2歳児**
　「モデルへの接近」は，モデルと自分の現下
の対応力の矛盾の表現でもある．

いう非対称形を対称形に修正しようとしているようにみえます．このモデルへ
の接近行動を行わない場合には，「対称的2次元構成」（田形，凸形）で応えよ
うとします．こういった特徴を，私は「対称性反応」（白石，2007，2012）と
称しました．モデルに内在する「トラック」をイメージすることの難しさであ
りつつ，それだけではなく，非対称形を忌避する心理を読み取ることができま
す．換言すれば，モデルという他者の意図を受けとめながら，それを自らの意
図として受け入れていくことに，長く続く抵抗があります．

　この自―他の調整の難しさは，生活のさまざまな場面で，他者から提示され
た活動や集団活動への抵抗として現れます．「発達の障害」がある場合，「行為
の主体」として要求をもちはじめても，他者と折りあいをつけようとする自―
他の調整を，葛藤から復元を繰り返して，十分な確かさをもって発達させてい
るわけではありません．それは，1歳半ころの発達の質的転換期における「発
達の障害」をひきずっている，いわば弁証法的否定の困難な状態と言えるでし
ょう．そのとき，言語の理解や見通しの表象に弱さがあり，気持ちが誘われな
いと，時間・空間の展開への不安は大きくなって，変化に抵抗する言葉や行動
が長く続きます．この強い不安を背景にして，あたかも他者の言葉を遮断しよ
うとするような「多弁」になることもあります．先述の「対称性反応」が長く
続く事例では，他者の意図を受けとめることへの抵抗，葛藤があるゆえに，お
となからの行動の制止や否定の言葉に対してパニックで応ずることもあります．

逆に，他者の意図に従属することで，一定の心理的安定を得ようとするような「指示待ち」傾向になることもあります（白石，2007，2012）.

【二次的な自己評価の問題】

　この発達段階では，「大きい―小さい」に代表される対比的認識（110 ～ 113ページ参照）が獲得され，自分のこともその尺度で感じ，認識するようになります.「発達の障害」がある子どもは，「できる―できない」「上手―下手」という対比的尺度のもとで，「できない」「下手」な自分を経験的に学習していることが多く，二次的とも言える自己評価の問題をもっています. このような苦手意識が強くなり固定化された状態を「二分的評価」の形成と呼んでいます（白石，2011）.「きっとできない」と思い込むことによって，たとえば手指操作を含む運動，言語のコミュニケーションなどに苦手意識が形成され，うまくできても，がんばっても，達成感や自信になりにくい心理状態になります.

　この自己評価の傾向や「反抗」と言われる場面転換の難しさは，障害のない子どもにもみられます. しかし，「発達の障害」がある場合，この心理状態が長く続くために否定的な自己評価を重ねることになり，そのことが子どもにとって苦しいのだと思います. そういった「発達の障害」と年齢の積み重ねの相互関係を，子どもの内面と生活史に分け入って理解することが大切でしょう.

5）4歳の発達段階における「発達の障害」

　4歳の発達段階における「発達の障害」は，たとえば「両手の交互開閉」（132 ～ 134ページ参照）ができるようになっていても，モデルの速さやリズムに変則的な変化をつけた場合，両手が「もつれ」てしまう姿になって現れます.「たて」と「よこ」の線をつなげて「正方形模写」ができても，続けて同じものを描いたときに，最初に描いたものよりも角が「くずれ」たり，小さく描いてしまうこともあります.「正方形模写」は，3回描くことを子どもに求め，描くほど上手に，そして表現が大きくなる自己修正のようすもみています（137 ～ 138ページ参照）.「両手の交互開閉」で説明するなら，「開く―閉じる」と「右手―左手」という二つの交替の操作を，「…しながら…する」と協応させて（つなげて）いく力に，制約があるということです.「発達の障害」がない場合，こういった「もつれ」「くずれ」は，4歳中ごろになれば自分なりの「コツ」をつかんで，自分を励まし修正しながらのりこえていくものです.

すべての事例に共通するわけではありませんが，自閉症スペクトラムの子どもなどにも，この運動や手指の操作が巧緻になっていく過程に，本人も意識しているであろう左右の手指の協応の「不器用さ」があります．それは「不器用さ」だけではなく，たとえば「両手の交互開閉」において，手がもつれそうになっても「シンドイ，ケレドモ，ガンバロウ」と自分を

写真7
「発達の障害」のある8歳2か月児の「円の系列描画」.
4つ目まで「だんだん大きく」描くことができたが，次が小さくなってしまう．気がついたように次は大きく描くが，そこから「小―大」を繰り返す．一つひとつの円の始点と終点を結びつけようとしていないことにも留意したい．

励まし踏みこたえながら，態勢を立て直していこうとする自己修正の不確かさでもあります（白石，2007）．つまり，協応という操作を獲得する過程において，その操作を発揮できるように自己修正する「主体（自己）」の形成という困難が，関与しているようにみられます．

6）5歳後半からの発達段階における留意すべき傾向

「小さい丸からだんだん大きくなるように，丸をたくさんつなげて書いてごらん」という「円系列描画」（155～157ページ参照）は，「発達の障害」がない場合，5歳中ごろから描けるようになります．ところが，発達の遅れは指摘されないまま学童期になってから，この円系列描画に典型的な「くずれ」がみられることがあります．典型的な「くずれ」とは，最初の三～四つまでは「だんだん大きく」描くことができても，次が小さくなってしまうものです．自分で気づいたのか再び大きく描きますが，また小さくなってしまうのです（**写真7**）．

いわば「だんだん大きく」という活動のテーマ（規準枠）が途切れやすい状態です．この規準枠を理解し意識しながら活動をつなげていくこと，つまり規準枠の内面化は，段取りを考え，それを反省的に修正したり，文脈を考え，それを修正しながら文章を綴ったり，さらには「だんだん大きくなってきた自分」を認識し，さらに「こうありたい自分」を形成しよう（自己形成視）とする発達の力です．この円系列描画の「くずれ」がある場合，「両手の交互開

閉」でも態勢を立て直していこうとする自己修正の不確かさが残存する傾向があります（白石，2007）．つまり，4歳の発達段階における「発達の障害」をひきずり，克服しきれていない姿にみえます．「発達の障害」の理解には，そのように比較的長い過程のなかで問題を捉えていく視野が求められます．

　こういった，いわば小さな「発達の障害」の傾向をもつ子どもに，集団のなかの話題やルールから逸れるなど，途中で行動が途切れてしまうことがあります．おとなも友だちも，その「くずれ」を叱ったり制止するだけの対応になりがちであり，それによって本人は，自暴自棄になったり，身近なおとなや友だちを責める言動に及ぶこともあります．外界と自分自身を，「だんだん大きく」変化していく時間軸でとらえはじめているのに，具体的な自分自身そして他者が，そういった展望や期待に副うものになり得ていないのでしょう．

　このように，自己を含む対象世界の認識のしかたと，そうならない現実との矛盾は，心理的葛藤の現れというべき「行動の問題」として現われます．

　以上で概観したように，「発達の障害」は「可逆操作の高次化における階層―段階理論」によれば，①それぞれの発達の階層の「2」のつく発達段階である生後2，3か月ころ，8，9か月ころ，2歳後半から4歳ころ，②次の発達の階層への質的転換期である1歳半ころ，という発達の「らせん階段」において共通した特徴をもった段階で，発達の高次化の困難として顕在化します（201ページの図では少数でしたが，乳児期前半の発達の階層から後半の発達の階層への質的転換期である生後7か月ころ（示性数1可逆操作期）にも，この困難はあると推察されます）．

【「2」の形成期での「発達の障害」の顕在化】

　生後2か月ころの「回転軸2形成期」は，たとえば視覚・聴覚などの二つ以上の感覚の協応，8か月ころの「示性数2形成期」は，たとえば手指操作などでの外界との接点の二つへの移行，2歳後半から3歳の「2次元形成期」は，たとえば全身運動や手指操作で「…しながら…する」という二つの操作の協応など，機能・能力の自由度と随意性を広げていく段階です．

　このとき「発達の障害」は，「一つ」から「二つ」へ発展していくための矛盾をのりこえる困難として顕在化します．子どもは，その「発達の障害」を不

自由さとして感じ，自分への感覚や意識として内面化していくので，その矛盾をのりこえていくための能動性が高まりにくい心理に縛られることになります．

　同時に，これらの三つの段階は，それぞれ緊張，不安，葛藤などとなって現れる外界と自己への過敏性の高まる段階ですが，これをのりこえていくために必要な心理的対象や心理的拠点としての対人関係が形成されにくい傾向も連関しています．

【1歳半ころの発達の質的転換期における「発達の障害」の生成】

　幼児期の発達の階層への質的転換期である1歳半ころは，「…ではない…だ」と説明される「1次元可逆操作」を獲得し，新しいレベルの弁別・選択，記憶という側面ばかりではなく，活動の目的の自己決定や自─他の調整が可能になる段階ですが，この自─他関係において発揮される「可逆操作」の広がりにくさとして「発達の障害」は顕在化します．

　この質的転換期においては，他者の共感，共有，受容，激励によって活動の結果を内面化して，いっそう能動的に活動するようになる正のフィードバック機能（「心のバネ」）が備わりますが，この自─他関係の形成が不十分だと，子どもは外界への探索を広げられず，自分を対象化し（向きあい）変革していく能動的な活動の展開が制約されることになります．

　こういった「発達の障害」はどのように生成してくるのでしょうか．そのカギになるのは，201ページの図にみられるように，生後10か月ころの「3」の「形成期」つまり「示性数3形成期」にある事例が少数だということです．つまりそこには長くとどまらないゆえに，発達の前進の契機があると推察されます．

　生後8か月ころの「示性数2形成期」において，子どもは心理的対象や心理的拠点として結ばれた対人関係の発達（「第二者の形成」，田中・田中，1981〜88）を発達過程に統合していきます．そうして矛盾と不安をのりこえて，「示性数3形成期」おいて，その対人関係のなかで興味の世界を広げ，さらに新しい人間関係をむすんでいくことができます（「第二者を介して第三者を志向する」）．そして外界への過敏性を克服しつつ，正のフィードバック機能をはたらかせてさまざまな対象にはたらきかけ，他者との共感や共有の関係のなかで事物・事象の意味を認識していきます（「第二者と第三者を共有する」）．そ

こに話し言葉の発達的な基礎が構築されていきます．いわば，発達の自己運動的な変化が始まるのが「3」の「形成期」の特徴であり，それを田中昌人は，次の発達の階層への質的転換のための「新しい発達の原動力の発生」としました．生後10か月ころの「示性数3形成期」は，「生後第2の新しい発達の原動力」の発生期です（乳児期後半の発達の階層への質的転換を達成する「生後第1の新しい発達の原動力」（第1章参照）は生後4か月ころの「回転軸3形成期」，学童期の発達の階層への質的転換を達成する「生後第3の新しい発達の原動力」（第6章参照）は5歳中ごろの「3次元形成期」に発生するとされます）．

　こういった対人関係の発達を発達の連関に確かに統合していくことができずに，「生後第2の新しい発達の原動力」の発生に弱さを残したままだと，次の発達の階層への飛躍，つまり1歳半ころの発達の質的転換を達成していくときに，先述のような「発達の障害」が顕在化するのではないかと推察されます．

3 「発達の障害」と教育・保育

（1）「発達の障害」への教育・保育の視点

　「発達の障害」は，中枢神経系の成熟の遅れや機能不全によってもたらされるものであり，発達の外的条件である育児や教育に一義的な原因を求めることはできません．しかし「発達の障害」がどのような過程を歩むのかには，教育的はたらきかけの関与が大きいといえます（白石，2014）．

　以下では，これまでに検討してきた「発達の障害」を視野に入れて，きわめて限定的な内容ですが，発達段階にそった教育・保育の一般的な視点を述べたいと思います．

【生後2か月ころの発達段階で顕在化しやすい聴覚と視覚の協応しにくさ】

　聴覚，視覚のどちらも同時に提示される複合刺激を受けとめられるか，それとも聴覚刺激だけを丁寧にゆっくり提示するほうが，音源を見たいという視覚の探索につながるかなどを検討します．子どもの感覚刺激の取り入れ方を認識することは，教材やはたらきかけの工夫のために大切なことであり，それによって，ここちよい音だから見てみたい，素敵な声だから顔を探したいというよ

うに，聴覚と視覚を協応させる能動的な外界探索を導くことができます．

　つまり，子どもの志向の対象となる対人関係の形成のもとで，快の情動を豊かにはぐくむことを大きな目標としつつ，感覚間の協応を発達させながら外界探索を豊かにしていくような細やかな目標と教育内容を配していきます．

【乳児期後半への発達の質的転換期での外界への志向の広がりにくさ】

　子どもが好んでいる対象を固執的だからといって制限するのではなく，子どもが感じているであろうここちよさをともに受けとめたいと思います．「幸福感によって結ばれる」（白石，2012）というべき対人関係の形成によって，外界との「一つ」の接点を大切にしつつ，「あれもほしい」と子どもの心がひきつけられる「もう一つ」の対象を工夫します．「これも」「あれも」と複数方向に開く「心の窓」を形成し，その「対(つい)」の間での「可逆操作」の発揮をめざすことこそ，一つではない接点を外界とむすび，探索活動を豊かにしていくための導入路です．この探索では新奇な対象への不安が強まりますが，その背後にある矛盾をのりこえていくことによって，新しい事物・事象，人間関係への志向は確かになります．

　つまり，子どもの外界との接点を尊重し，受容的に支えてくれる対人関係の形成のもとでの探索の広がりを大きな目標としつつ，「これも，あれも」という「可逆操作」が発揮できるような細やかな目標と教育内容を配していきます．

【1歳半ころの発達の質的転換期，2，3歳ころの自―他の調整しにくさ】

　「入れる・渡す・のせる」などの活動が他者によって受容され，それがうれしくてさらに展開していくなかで，自分の「真の要求」（意図）を意識した「行為の主体」になれるように導きます．「AのつぎはB」「CのとなりはD」というように，一対一対応でつくられた時間的空間的な見通しに支配されている場合には，特に，この「真の要求」を形成していくことが肝要です．「本当にしたい」「本当の喜びになる」という要求の形成を通じて，子どもは自分の要求を意識し，他者の要求とぶつかりあう試練を経験しながら葛藤からの復元を繰り返し，自―他を調整する力を育てていきます．この自―他の調整過程を歩むためには，自分の要求が理解され，受容されているという十分な実感を必要とします．「受容されている」とは，子どもの要求を「受け入れる」ことではなく，子どもの要求をその必然性に対する真実の共感によって「受けとめ

る」ことです（白石，2011）．

　つまり，子どもの活動の結果を内面にプラスにフィードバックする対人関係の形成のもとで，「行為の主体」としての意識を確かにすることを大きな目標としつつ，そのなかで自―他の調整過程を含む「可逆操作」が発揮できるような細やかな目標と教育内容を配していきます．

【3，4歳ころの発達段階での「二分的評価」の克服しにくさ】

　子どもは「できる―できない」「上手―下手」という対比的認識のもとで葛藤しており，自らの活動の結果への見通しの不確実性によって不安を強めています．だからこそ，単に目標を細分化したスモールステップではなく，「きっとのりこえられる」という矛盾の大きさを考えた教材やはたらきかけの工夫が大切になります．子どもが自ら選択し活動したことには，そのことへの共感と尊重をもって向きあう指導でありたいと思います．教育や保育が，子どもの得意な活動を大切にし「ほめ言葉」をかけつづけても，「自信のない子ども」というおとなの隠れた評価の目を感じ取れば，「二分的評価」に縛られた心から自由になることはできないでしょう．

　子どもがどのような集団や活動のなかにあるかも重要なことです．この発達段階にある子どもは，たとえば小学校の高学年になったときに，自らが「大きい存在」として関われるような年少の友だちがいることによって「大きい自分」を再発見し，能動的に自分自身の活動に向かうエネルギーを得ているようです．逆に，「小さい自分」に終始すると，その自己像に耐えかねるように，葛藤がさまざまに顕在化することもあります．

　つまり，子どもの「大きい自分になりたい」という発達要求に共感し，その実感を形成することを大きな目標としつつ，そのなかで一つひとつの発達の可能性を実感し自己評価につなげていけるような細やかな目標と教育内容を配していきます．

【すべての過程を通じて大切なこと】

　自己を含む対象世界の認識の発達とともに質的に変化していく発達要求は，そうならない現実との間に新しい矛盾を生みます．その拡大は，感情，情動，意志などの情意の領域にさまざまな葛藤状況を引き起こし，心理的葛藤の現れというべき「行動の問題」に及びます．それは，子どもからの苦しさの訴えと

して，さまざまに表現されることになります．発達過程において，一度はのり
こえても「らせん階段」のように再来する内的矛盾の発生と拡大は，その矛盾
のありようを共感的に理解し支えあえる対人関係を形成し，達成感，受容感，
肯定感，効力感などといわれる自己への感覚を育んでいく契機でもあります．

　教育や保育には，「発達の障害」を，子どもがどう内面化して生活してきた
かという「もう一つの過程」への留意が求められます．それが広い意味での
「発達の障害」への発達診断です．それによって私たちは，内的矛盾と「発達
の障害」の内面化のようすを子どもの立場で理解し，支えあえる教育的人間関
係はいかにあるべきかを，息長く検討していくことができるでしょう．

（2）「発達の原動力」を呼び起こす「発達の源泉」への視野

　発達には，子どもがはたらきかけて自らに取り込んでみたくなる対象世界が
必要です．教育や保育は，そういった発達の栄養となる対象世界を，教材，授
業，さまざまな活動を通じて子どもに用意していきます．本章では，たとえば，
快の情動をはぐくみ，めずらしさに心ひかれる対象，主体として自ら挑戦して
みたくなる活動の大切さなどにふれてきました．

　さらにそれを補足しつつ述べるなら，1歳半の発達の質的転換を達成するた
めの「生後第2の新しい発達の原動力」が生まれる10か月ころは，他者と事
物・事象を共有し，そこでの発見や活動の喜びを伝えていくコミュニケーショ
ン手段が芽生えるときです．子どもと他者の間には，草花や動物などの「生命
の不思議」，生活のなかでの「道具への憧れ」，遊び文化の「楽しさの発見」な
ど，子どもの内面に感動を呼び起こす自然と文化の豊かさがあり，それが外界
への志向を導いてくれます．

　1歳半の発達の質的転換を達成するころには，その自然と生活文化の発見は，
「変化する素材」に道具ではたらきかけるような生活再現活動に子どもをいざ
ない，その活動は「子ども同士の関係」を媒介することにもなるでしょう．生
活文化の共有は，やがて3，4歳になると「しごとへの憧れ」をもち，「はじ
めてのおつかい」に挑戦したくなるような，「大きい自分」になりたいという
価値意識と発達要求をはぐくみます．そこでの不安，葛藤をのりこえた達成感
が，5歳ころには絵本の『はじめてのおつかい』（筒井頼子作・林明子絵，

1976，福音館書店）を友だちと読みあい，互いの成長を喜びあいながら，「想像的な文化」を共有することにも発展していきます．

つまり，発達を機能・能力の発展の側面のみでみるのではなく，発達可能性を呼び起こす自然や文化の系統的な発展との相互関係でとらえる視点が必要です．このような発達に関与する自然や文化，それを子どもに媒介し人格的モデルとなる対人関係や教育的作用などを，「発達の原動力」に対して「発達の源泉」と呼びます．まさにこれが，発達のエンジンとエネルギーの関係です．

発達診断は，一義的には子どもの内にある発達の連関や発達の原動力の様態を見出すものですが，一人ひとりの子どもの発達の個別性には，つねに外的条件としての発達の源泉が存在しているのです．教育や保育には，このような源泉を発達要求と内的矛盾，「発達の障害」の内面化に応じて，量の多さだけではなく質の良いものとして創造していく役割があります．発達診断には，子どもとおとな，指導者，そして集団によって共有されている自然や文化の質量的な状況のことが，つねに記述されなければなりません．

注
1）弁証法の発展法則
　　自然，社会，人間の思考を含む，もっとも一般的な法則に関する科学であり，実践にとっての方法でもある．ヘーゲルによって包括的に体系化され，マルクス，エンゲルス，レーニンによって物質世界における発展法則として，そしてその反映としての思考の発展法則として発展的に記述された．
　　すべての事物・事象には連関があること，それらの事物・事象は，不断に変化・発展の過程にあることから出発する．その変化・発展の原因（原動力）を示す法則が，対立物の統一と闘争の法則である．変化・発展の構造を示す法則が，量的変化から質的変化への法則（量の漸進的な変化が，ある段階に達すると飛躍的な質の変化を惹き起こすこと）である．さらに発展のあり方に関する否定の否定の法則（質の変化は従来の質との断絶ではなく，その積極的なものは受け継ぐこと，そうした新しい質のなかで新しい矛盾によって次の質が準備されること）がある．この3法則は，相互に関連している．
　　しかし，この弁証法の3法則を，事物・事象の解釈にあてはめるのでは，事実から出発しない逆立ちした思考になってしまう．事物・事象の具体的な変化に潜む法則性を分析するなかで，こういった弁証法的思考や法則認識が豊かになっていくという研究の経路が大切である．（参考：レーニン，1965，弁証法の問題について．原著は1925）．
2）普遍・特殊・個別
　　広い範囲に共通する性質を「普遍」，ある限られた範囲だけに共通する性質を「特殊」，

単独のことを「個別」と言う．たとえば「人間」（普遍），「障害のある人」（特殊），「ある個人」（個別）となる．そのとき個別（一人ひとり）には，普遍と特殊の結びつきが内包されている．

　発達保障の観点での実践と発達研究は，障害による「発達の障害」，発達の連関の「ずれ」という特殊性を，普遍性との区別や差異においてのみ認識するのではなく，普遍的な発達過程に生じた特殊性ととらえ，普遍性との統合へ向かう発達的変化のなかにあることを明らかにしてきた．したがって，そのものだけが有する他と異なった特別な性質を意味する「特性」は，発達や障害を時間の断面においてみるものであるので，用語として使用しない（参考：レーニン，同上）．

文　献

コスチューク（村山士郎・鈴木佐喜子・藤本卓訳）（1982）発達と教育．明治図書．

レーニン（マルクス・レーニン主義研究所訳）（1965）ふたたび労働組合について／弁証法の問題について．大月書店編集部編，猿が人間になるについての労働の役割について他，pp.132-190，国民文庫．

日本精神神経学会（監修）（2014）DSM-5 精神疾患の診断・統計マニュアル．医学書院．

ルビンシュテイン（内藤耕次郎・木村正一訳）（1981）心理学．青木書店．

白石正久（1994）発達障害論（Ⅰ）．かもがわ出版．

白石正久（1998）レット症候群とアンジェルマン症候群．障害者問題研究，25(1)，pp.14-30．

白石正久（2007）自閉症児の世界をひろげる発達的理解――乳幼児期から青年・成人期までの生活と教育．かもがわ出版．

白石正久（2011）やわらかい自我のつぼみ――3歳になるまでの発達と「1歳半の節」．全国障害者問題研究会出版部．

白石正久（2012）自閉症と発達保障をめぐる課題．奥住秀之・白石正久編，自閉症の理解と発達保障，pp.197-233，全国障害者問題研究会出版部．

白石正久（2014）発達と指導をつむぐ――教育と療育のための試論．全国障害者問題研究会出版部．

白石正久（2016）障害の重い子どもの発達診断――基本と応用．クリエイツかもがわ．

白石正久（2018）発達保障理念の創出と「4歳の節」．障害者問題研究，46(2)，pp.82-89．

田中昌人（1980）人間発達の科学．青木書店．

田中昌人・田中杉恵（1981～88）子どもの発達と診断・全5巻．大月書店．

全国障害者問題研究会（1997）全障研三十年史．全国障害者問題研究会出版部．

新版 教育と保育のための発達診断 下 発達診断の視点と方法

おわりに

　2009年に刊行された『教育と保育のための発達診断』は，23刷を重ねるロングセラーになりました．また，この本をテキストとする「教育と保育のための発達診断セミナー」（特定非営利活動法人・発達保障研究センター主催）は，全国17カ所，4,000人近くの参加を得て，学習の輪を広げてきました．とくに，このセミナーの参加者には，はじめて発達保障の考え方やその発達理解・発達診断の方法に出会われた方が多く，提出された感想文からは，このような取り組みが切実に待たれていたことを実感しました．そして，子どもたちや障害のある人たちを発達の主人公として尊重し，その幸福に生きる権利の保障を願う思いの強さに，テキストの執筆者・講師，セミナー主催者は大きな励ましを得ることになったのです．

　このたび，10年余が経過したことを踏まえて全面的な改訂を行い，新しい構成のもとで『新版・教育と保育のための発達診断 下巻 発達診断の視点と方法』を刊行いたします．
　改訂内容は，以下の通りです．
①「Ⅰ　発達保障のための子ども理解の方法」として，発達理解・発達診断の基本視点，心理学的子ども理解と実践的子ども理解をつなぐ方法などについて新たに論じました．このⅠの学習を前提として，Ⅱに進んでいただきたいと思います．
②「Ⅱ　発達の段階と発達診断」は，旧著の構成を引き継ぎつつ，発達研究の進展を踏まえて新たな知見を加えました．また，指導・支援の方法について，より多面的な内容になるように加筆を行いました．

③「Ⅲ 『発達の障害』と発達診断」は，旧著の内容を発展させて，「Ⅱ」との関連がわかるように加筆を行いました．

　旧著の，子ども・障害のある人たちの権利保障の歴史と発達保障，ライフステージにおける発達診断の実践，さらに新しいテーマとしての，発達診断と教育・保育のつながり，発達の質的転換をめぐる諸問題，個別の障害と発達診断の方法などについては，『教育と保育のための発達診断 上 発達診断の基礎理論』として刊行します．

　編者として，新版の編集に携わりながら，次のことを思いました．

　各章で書かれている子どもたちや障害のある人たちは，家族や指導者のまなざしのなかで，ときに悲しく悔しい涙を流しながらも，発達の道行を笑顔をもって歩いています．その記述は，一人ひとりが，まるで目の前にリアルにあるように感じられるのです．また，指導や支援の方法として提案されていることには，まさに「発達の芽」として生まれつつあるものへの最大限の尊重と，それを守り育てようとする強い思いを感じるのです．これらの記述は，きわめて具体的なものですが，そこにはそれぞれの執筆者の理論的な確信に裏打ちされた力強さがあります．

　編者としてこのように感じ，そして書くことは，自画自讃のそしりを免れないことかも知れません．しかし，編集過程で不思議な幸福感に包まれたことは事実です．

　本書の執筆者のほとんどは，保育者（保育士，幼稚園教諭など）や教師の養成に携わる大学・短期大学の教員です．前著より10年余の経過は，その教育経験の積み重ねでもありました．

　大学から送り出した保育者や教師，そして未来の保育者・教師を夢見る学生に語りかけるような筆致が，本書の特徴でしょう．そこには，「教え子」への愛情とともに，彼らが出会うであろう一人ひとりへの優しいまなざしがあります．彼らには，子どもや障害のある人と向きあい，その本当の心が理解できないで眠れぬ夜を過ごす日もあるでしょう．同僚や保護者と心通わすことには，さらに時間と経験が必要です．そのときどんな高邁な理論も，すぐには彼らの力になってくれないでしょう．自分でのりこえていかなければならない苦労の

ときに，思い出してほしいこと，きっと支えになるであろうことを，本書の執筆者は，自らの研究を重ねながら，大学で心を込めて語りつづけているのだと思います．

その保育・教育の実践の過程に，イマジネーションをもって深く関わろうとする大学教育によって，子どもや障害のある人の生活のなかにある本質的で大切なこと，そして実践における指導の根本が，無意図的ではあっても結晶のように，一つの学問領域と方法を形成しつつあると私にはみえるのです．発達保障の理念による発達理論と実践がつながるのは，子どもや障害のある人，そしてその人々が営む集団なのであって，そこに焦点をあてて，私たちの発達研究と保育・教育研究をむすびつけていくことが求められているのだと思います．

職場や地域での本書の学習を契機として，目の前の「…くん」「…ちゃん」や「…さん」をわかろうとする事例研究，そして実践研究が，網の目のようにつくられていくことを願っています．

さて，旧版『教育と保育のための発達診断』は，本書の執筆者の共通の師である田中昌人先生，田中杉恵先生の追悼として刊行されたものでした．新版の編集のなかで出会った執筆者のまなざしは，外でもなく，田中先生のもとでの大学教育において，目を開くことのできたものだと感じるのです．そういったことについて，共通の具体的な言葉をもって教えを受けたことはありません．どちらかと言えば，放任された自由な雰囲気のなかで私たちは学びました．しかし，無形に伝えられ，息づいていくものも，教育にはあるのではないでしょうか．レバノンの詩人，カリール・ジブランの言葉を，私は自分の大学での日々とともに思い出すのです．

「教師は，自分の英知を与えるのではない．与えるのはただ，かれの信念と慈愛だけ」　　　　　　　　　　　（佐久間彪訳．預言者．至光社．1990）．

今，新型コロナウィルス感染症の災禍のもとで，わが国政府がいかに国民一人ひとり，そして社会的に弱い立場の人々の生活と幸福に対して無頓着であったかが，露呈することになりました．その根本的な矛盾を改めていくには，さ

らに大きな粘り強さが必要です．それを自覚した者が，どう歩くべきかも，私たちは無形の教育のなかで学び取りました．その感謝を込めてここに本書を上梓し，恩師のこころざしに捧げます．

　最後に，私たちの願いを引き受け，編集実務のすべてを担っていただいた全障研出版部の梅垣美香さんの，いつもながらの丁寧なしごとに感謝いたします．

2020年11月18日　田中昌人先生の命日に

白石　正久

編　者

白石恵理子　しらいし えりこ
1960年，福井県に生まれる
滋賀大学教育学部

白石正久　しらいし まさひさ
1957年，群馬県に生まれる
龍谷大学名誉教授

本書をご購入いただいた方で，視覚障害により読むことが困難な方のためにテキストデータを準備しています．ご希望の方は全国障害者問題研究会出版部までお問い合わせください．

新版 教育と保育のための発達診断 下　発達診断の視点と方法

2020年12月1日　第1刷発行　　　　定価はカバーに記載
2024年2月1日　第5刷発行

編　者　白石 正久・白石恵理子

発行所　**全国障害者問題研究会出版部**　　http://www.nginet.or.jp
　　　　〒169-0051
　　　　東京都新宿区西早稲田2-15-10西早稲田関口ビル4F
　　　　電話（03）5285-2601　FAX（03）5285-2603

印刷所　（株）光陽メディア

ISBN978-4-88134-915-1